U0623268

# 高中学生主题教育活动设计与实践

杨忠顺◎编著

中国出版集团　现代出版社

**图书在版编目(CIP)数据**

高中学生主题教育活动设计与实践 / 杨忠顺编著

. — 北京：现代出版社，2021.8

ISBN 978-7-5143-9426-9

Ⅰ.①高… Ⅱ.①杨… Ⅲ.①德育—教学研究—高中

Ⅳ.①G631

中国版本图书馆CIP数据核字（2021）第173725号

# 高中学生主题教育活动设计与实践

作　　者　杨忠顺

责任编辑　张　璐

出版发行　现代出版社

地　　址　北京市安定门外安华里504号

邮政编码　100011

电　　话　010-64267325　64245264

网　　址　www.1980xd.com

电子邮箱　xiandai@cnpitc.com.cn

印　　制　北京政采印刷服务有限公司

开　　本　710mm×1000mm　1/16

印　　张　11.25

字　　数　180千

版　　次　2022年4月第1版　　2022年4月第1次印刷

书　　号　ISBN 978-7-5143-9426-9

定　　价　45.00元

版权所有，翻印必究；未经许可，不得转载

# 目 录

## 生涯规划篇

## 主题活动篇

# 生涯规划篇

# 人生: 规划铸就未来

## 个人生涯发展规划的基础理论

深圳中学　杨忠顺

生涯是一个人的道路或发展途径。生涯的长度涵盖个人从出生到死亡的所有时间，生涯的广度涵盖个人一生中所担任的各种角色与职位，生涯的深度涵盖个人对角色和职位的投入时间与程度。生涯规划是对个人生涯的计划和抉择。

### 一、生涯彩虹图

为了综合阐述生涯发展阶段与角色彼此间的相互影响，美国心理学家舒伯创造性地描绘出一个多重角色生涯发展的综合图形——生涯彩虹图，形象地展现了生涯发展的时空关系，更好地诠释了生涯的定义（如图1所示）。

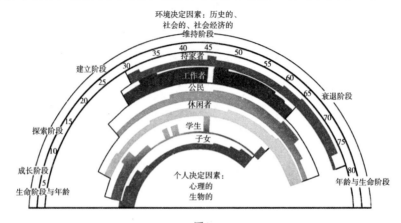

图1

在生涯彩虹图中，最外的层面代表横跨一生的"生活广度"，又称为"大周期"，包括成长阶段、探索阶段、建立阶段、维持阶段和衰退阶段。里面的各层面代表纵观上下的"生活空间"，由一组角色和职位组成，包括子女、学生、休闲者、公民、工作者、持家者等主要角色。各种角色之间是相互作用的，一个角色的成功，特别是早期角色的成功，将会为其他角色提供良好的基础；反之，某一个角色的失败，也可能导致另一个角色的失败。舒伯进一步指出，为了某一角色的成功付出太大的代价，也有可能导致其他角色的失败。

彩虹图中的阴影部分表示角色的相互替换、盛衰消长。它除了受到年龄增长和社会对个人发展、任务期待的影响外，往往跟个人在各个角色上所花的时间和感情投入的程度有关。从这个彩虹图的阴影比例中可以看出，成长阶段（0～14岁）最显著的角色是子女；探索阶段（15～20岁）是学生；建立阶段（30岁左右）是持家者和工作者；维持阶段（45岁左右）工作者的角色突然中断，又恢复了学生角色，公民与休闲者的角色逐渐增加，这正如一般所说的"中年危机"出现，同时暗示这时必须再学习、再调适，才有可能处理好职业与家庭生活中所面临的问题。

## 二、制定目标

第一步：倾听自己内心的声音；

第二步：把所有的梦想用文字列举出来；

第三步：将目标具体化、层级化（见表1）；

表1

| S | 明确性 | 目标制定一定要明确且具体，不能模棱两可 |
|---|---|---|
| M | 可量化 | 不能量化的目标没办法后期追踪、考核或评估 |
| A | 可实现 | 目标制定务必现实，好高骛远的目标没有意义。相反，目标过低也不行 |
| R | 相关联 | 目标和完成目标的人必须紧密相关才有意义 |
| T | 时效性 | 将目标拆分成几个小的目标及对应的完成时间节点 |

第四步：分析目标实现的条件；

第五步：自我激励；

第六步：立即将目标付诸行动。

为了使自己的目标更加具有可行性、可预见性、可操作性和成就感，可将自己的目标用目标金字塔来表示（如图2所示）。

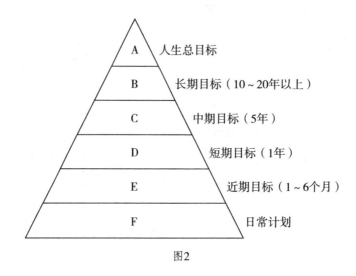

图2

## 三、了解自己的决策风格

**1. 职业决策风格"三分法"（Harren）**

理性型、直觉型、依赖型。

**2. 职业决策风格"五分法"（Scott & Bruce）**

理智型、直觉型、依赖型、回避型、自发型。

**3. 职业决策风格"八分法"（Dinklage）**

延迟型、宿命型、顺从型、麻痹型、直觉型、冲动型、犹豫型、计划型。

每一种决策风格的划分都有相应的决策风格量表，感兴趣的读者可以自行查阅并判断。

## 四、SWOT分析法

SWOT分析，又叫自我态势分析，是分析组织或者个人内部的优势与劣势以及外部环境的机会与威胁，制定未来发展策略（如图3所示）。

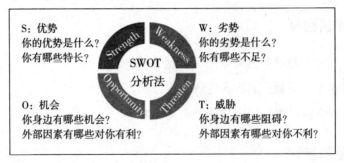

图3

# 高一（13）班发展规划

深圳中学　杨忠顺

## 一、规划背景

### 1. 学校办学定位

建设"国内领先，世界一流"的名校。

### 2. 学校培养目标

深圳中学致力于培养具有丰富生命力的人：他们能自主发现和实现个人的潜能，成为最好的自己；他们无论身在何处，都能尊重自然、关爱他人、服务社会、造福世界，并且乐在其中。

### 3. 班级情况

高一（13）班为国际素养班，所有学生的目标是到国外留学。高中阶段是"三观"形成的关键阶段，要利用主题班会予以多方面引导，加强爱国主义教育，使学生成为具有中国灵魂、国际素养的优秀公民。

## 二、规划目标

（1）培养身心健康、遵规守纪的卓越学子。

（2）培养务实创新、品学兼优的爱国公民。

（3）培养中国灵魂、国际素养的未来人才。

## 三、规划步骤

### 1. 阶段目标

适应环境，认真规划，夯实学业，英语提升。

### 2. 阶段措施

（1）班级制度建设

① 选好班级自主管理团队，充分发挥优秀学生的同伴教育力。

② 民主讨论产生班级礼仪，代替班规，重点突出出勤、班级卫生、班级自习课纪律等国际班"老大难"问题。

（2）班级学风建设

① 利用学长和学习小组帮助学生尽快适应高中学习生活。

② 邀请大一优秀学长回班分享经验，强调学业成绩的重要性以及如何平衡学业与社团活动的关系。

③ 开展各学科的系列主题（项目式学习）活动，提高学生对各学科学习的兴趣。

（3）班级文化建设

① 利用教室环境布置，打造团结、和谐、积极向上的文化氛围。

② 设计时尚大方，有时代特色的高质量班服，学校有集体活动时，统一穿班服参加。

③ 利用班会课时间进行学校规章制度的解读，引导学生约束自己的行为，做遵规守纪的深中人，利用家长和学校资源，邀请专家到班级讲座，对学生进行礼仪教育和爱国主义教育。

④ 利用"晓黑板"App和班级家委会，加强与家长的沟通和联系，让学校教育和家庭教育实现良性互动，形成教育合力。

## 四、班会主题

适应高中生活、高中三年规划、社团活动选择、国家必修课程修读指导、学长经验分享、专家讲座。

# 学生高中三年发展规划

深圳中学　王子懿

## 一、任务大纲

（1）英语提升。

（2）数理超前学。

（3）社团活动。

（4）学科竞赛。

## 二、细则

高一：

上学期参加SAT第一次考试，目标分数1400+；保持托福优势，持续进行听说训练，寒假或下学期初冲刺110+。SAT进行较为系统的学习，在高二前达到1500+实力。

抓住语言优势，快速自学AP物理的同时跟进数学学习，在高一上学期结束前完成至少3本必修（相当于高考难度）的资料学习。AP物理尽量在高一下学期初结束，之后直接跟进后续AP课程。高一下学期自学完成剩余2本必修，之后开始AP微积分学习。

继续踊跃争先的状态，有选择、有侧重地加入社团，积极参与活动、提出意见，为高二的社长换届做准备。

关注各方面学科竞赛信息，以理科为主，并通过参加USAD等全能型竞赛展现文科能力，分清主次，对于有含金量、适合自己的比赛精心准备，不与正常时间冲突的比赛也进行广撒网。

高二：

参加SAT第二次考试、托福第三次考试，目标分数1530+、115+。

数学完成所有AP，根据自身水平决定何时插入SATII相关科目考试。物理流程类似数学。

尽最大努力成为所在社团领导者，至少加入领导层，组织策划大型活动，为社团发展注入活力。

学科竞赛以精为主，取得足够数目申请时有分量的成就。

高三：

参加SAT第三次考试，目标不设上限。

撰写文书，选择大学，投入全部精力，杜绝虎头蛇尾。

## 三、总结

整个规划本身意味着近乎学校进度两倍的提升速度，要求个人达到极高的执行力与自控力，是对毅力与天赋的双重考验。

看了王子懿发来的三年规划，一个雄赳赳、气昂昂、自信满满、整装待发的战士形象跃然纸上。的确，这份计划是对执行力与自控力、毅力与天赋的双重考验。让我们就此将它封存，待三年后开启时，功过得失自有定论。

为了配合孩子的规划，父母计划做到以下：

高一上学期大量参加留学讲座，多方收集留学信息，对目标大学的申请要求，意向中的学科竞赛及夏校有初步了解。了解高品质夏校的申请要求，就此规划标化考试。

高一下学期继续关注、研究留学申请资讯，协助孩子准备申请目标夏校的相关资料，开始SATII或AP的准备。

高二上学期持续关注、研究留学申请及各类竞赛资讯，跟进各项标化成绩。争取托福/SATI达到目标成绩。参加SATⅡ或AP考试。为孩子社团活动提供必要的外部支持（如果孩子需要）。寻找竞赛机会，为孩子参赛提供外部支持（如果孩子需要）。

高二下学期各类留学信息筛选甄别，提供给孩子，供其参考以便圈定最终申请的目标学校。

高三上学期协助孩子申请的各项事宜，对文书提出建议。

高三下学期为孩子选择学校（专业方向）提供建议。

# 高中三年规划

深圳中学　曾奕嘉

## 一、总体目标

高中三年，遵守学校规章制度，积极参与学校活动，不偏科，争取拿到理想的GPA，冲刺美国TOP20。

## 二、学生任务

### 1. 高一上学期

（1）学科任务

英语提升——因现在英语在年级处于弱势，争取在学期末提升到年级中等水平；继续保持数理化的优势，争取拿到较好的GPA。

（2）TOEFL

本学期末，争取TOEFL模考达到80分。

（3）美国大学目标设定

初步了解TOP50的大学，圈出自己的目标学校范围。

（4）寒假期间

加强TOEFL学习，如果有时间，争取出国一次。

**2. 高一下学期**

（1）英语提升

加强英语学习，争取在学期末达到年级中上水平。

（2）TOEFL

正式参加TOEFL考试，争取拿到90分。

（3）美国大学目标设定

分层确定目标学校（TOP20：2～3所；TOP30：5～6所；TOP50：2～3所）。

（4）暑假期间

开始SAT的学习，争取参加一次夏校活动。

**3. 高二上学期**

（1）SAT第一次考试：争取1400分。

（2）TOEFL第二次考试：争取100分。

（3）准备AP考试。

（4）寒假：SAT第二次考试准备。

**4. 高二下学期**

（1）SAT第二次考试：争取1500分。

（2）AP通过3～6门，争取5分。

（3）SAT2第二次考试通过2～3门，争取800分。

（4）申请材料准备。

（5）暑期：美国夏校，TOEFL第三次考试，争取110分。

**5. 高三上学期**

（1）SAT补考（根据情况而定）。

（2）开始美国学校申请工作。

# 三、家长任务

（1）参与班级管理工作，配合班主任工作，了解学生成长过程。

（2）与其他家长多沟通，多途径了解出国方向需要提前准备的内容。

（3）为孩子找到合适的英语培训机构和出国顾问公司，配合学校和出国顾问，指导学生完成申请资料准备。

（4）协助孩子去了解并选择暑期美国夏校，配合孩子完成夏校申请。

# 高中资优生发展瓶颈期的个性化生涯指导策略

深圳中学　杨忠顺

资优生具有不同于一般学生的发展潜能，需要经过适合其思维特征、认知、情感需要的系统教育，才能将其潜能转化为真正的才能和创造力，智力与人格的和谐发展、全面发展是资优生教育的主导方向。

资优生虽然有超过大多数学生的学习能力、认知能力、自制能力和生涯规划能力，但在生涯发展的关键选择阶段，由于其心智还不够成熟、没有相关经验可以借鉴，往往会无所适从，很难做出正确的抉择。这个时候如果有辅导经验丰富的班主任帮助学生进行详尽合理的分析，给学生提出合理化建议，能让学生尽早做出选择，尽快进入学习状态，少一些选择的焦虑和迷茫。

深圳中学是广东省传统学科竞赛强校，每届都会有数百名同学选择参加五大学科联赛，准备竞赛和高考备考是两种不同的学习模式，在时间安排上会出现冲突，尤其是在联赛前备考阶段，如何合理规划和分配时间是竞赛学生与家长最纠结的问题。我多年担任竞赛班班主任，对这些资优生的个性化辅导积累了一些经验。本文即是以班级学生个案为例，结合积极心理学原理阐述在资优生教育过程中的一些个性化辅导策略。

## 一、辅导背景

方同学自高一以来一直是成绩优异的学生，并在高一上学期就参加了生物竞赛小组，在整个高一学年，他都能很好地兼顾学科竞赛和正常的学科学习与

11

作业，并没有因为课后的竞赛课程而影响常规课的学习。但到了高二下学期，我发现他上课的时候经常走神，从他的眼神中透出的焦虑与不安，我能感觉到他一定有心事。于是我和他约了见面的时间，希望通过我的辅导能帮助他走出困惑，找回最佳状态。

## 二、辅导过程

焦点解决心理辅导是指以寻找解决问题的方法为核心的短程心理辅导技术，是20世纪80年代初期由美国家庭治疗师史蒂夫·德·沙扎尔（Steve de Shazer）和茵素·金·柏格（Insoo Kim Berg）夫妇及其同事在短期家庭治疗中心发展起来的。

**1. 焦点解决心理辅导可分为以下几个基本阶段**

（1）问题描述阶段

师：方同学，你目前成绩还是在年级之中名列前茅，在最近这次考试表现很突出，而且在同学遇到问题的时候经常能够给予细心严谨的解答，这是非常棒的。只是，我观察到你最近上课的时候似乎有一点心不在焉，你能说一说，是因为什么才出现这样的情况吗？

在问题一开始的表扬部分，目的是建立良好的访谈关系，营造轻松愉悦的氛围。他明显表示出了积极的情绪，他笑意外露，害羞地摸了摸头，非常接受对他突出表现的肯定。然而，在问题的后半部分则表现出了一些惊讶，似乎很奇怪自己最近的心思被看出。

在静静地把问题听完之后，他大概有10秒的沉默。欲言又止的样子在脸上表露无遗。我并没有先开口，只是平静地看着他有些慌乱的眼神，等待着他的回答。

他先是说了非常抱歉，对于自己在课上表现不佳表示了歉意。随后他也吐露了最近遭遇到的压力：第一是高考课程上的压力，由于即将进入高三，周围同学都开始渐渐进入复习状态，花了比之前更多的时间在学习上。作为班上甚至年级学习上的领先人物，他因此感到了巨大的压力，非常担心自己不能保持之前的排名。于是他在晚上经常学习到下半夜以复习平时的功课，因此第二天上课时不能保持良好的精神状态接受知识。第二是竞赛考试上的压力，在接受生物竞赛将近两年的训练后，全国竞赛考试的日子愈加临近了，而自己由于在之前花了更多的精力在高考课程上，故竞赛成绩并不算很高。但是又不想放弃这么久的努力，想在最后的时光里拼上一把。这样的纠结更加导致他学习时间紧张，并且让他在上课时也忍不住翻一翻竞赛的书籍，以让自己心里感觉更加踏实。

他最后解释说，正是因为这两点，他才在最近出现了上课心不在焉的情况。

师：方同学，你刚才说了学习生活中的一些感受，其中竞赛准备与高考课程复习之间如何平衡，老师觉得对你困扰是比较大的，也是特别重要的。你觉得老师或者学校做哪些事情，可以对你有所帮助呢？

我听完他上面的回答后，表示了对他的理解，因为在往届有竞赛经历的学生中，经常出现这样的纠结与迷惘。这种纠结与迷惘带来的焦虑会降低他们的学习效率，这并非他们能力不足，而是人的大脑的本能反应。缓解焦虑的方式无非两种：一种是完全放弃竞赛，专注于高考课程的复习；另一种是短时间放弃高考课程复习，向学校申请停课，在竞赛上拼一把。我在心中已经想好了给他的建议：停课。但我还是想先听听他自己的想法，于是问出了上面的问题。

他听完之后表示需要想一想，目前还没有想清楚自己这样的情况如何解决。在沉默了近10秒之后，他向我抛出了求助的眼神，问我以往有没有类似的案例，解决的办法是怎样的，我有没有什么建议。

我先是以陈述的口吻说出了以往的解决方案：放弃竞赛或者短期停课。然后说出了我给他的建议：停课，准备竞赛考试。原因有二：第一是他天资聪颖，若经过一段时间的准备，在竞赛考试之中拿到省级一等奖获得加分，并不是一件很难的事情，潜在的收益（20分高考加分）很高，且概率很大。第二是他在高考课程的学习上一向扎实，这点在之前的考试中也可以反映出来。因此，即便暂停一个月的复习，在之后高三一年的复习中也绝对可以补上，停课的风险是很小的。学校与其他任课老师也会为他积极创造有利条件。

（2）设定短期正向目标

竞赛是他的短期目标，也是他想要的目标。我需要在尊重、共情、关注的态度下，引导他明确这一目标。在短时间内专注做好一件事，可以大幅度减少焦虑，让大脑处于高效工作状态，这是一个学生应该具备的心理素质。因此我建议他在这段时间里停课，尽全力在竞赛上拼一把，争取获得那20分加分。

他在聆听的过程中时不时地点点头表示认同，同时也对我的赞扬式的建议表示很接受，其原本游移的目光中出现了一丝笃定。在沉吟了几秒后，他点了点头，接受了我的建议，承认确实自己有迎头赶上的能力，无论是落下的竞赛知识，还是落下的高考复习课程。

师：方同学，经过我们刚才的讨论，不知道你还有什么疑问？如果没有什么疑问，我想和你继续讨论一下，你解决这个问题的具体计划。

（3）正向回馈

他再想了想，说自己在是否停课这个问题上已经没有任何疑问，但仍担心的一个问题是，自己虽然在理科课程上比较擅长，没有落下的压力，但对于一些不太擅长的文科课程则有所疑虑，希望我能在这方面给他一些建议。

目标制定得越具体，执行的时候掌控感就越强，信心也就越足。遵照这个规律，我详细给他提出了停课策略的建议：目前距离全国竞赛考试还有一个月的时间，你可以把这段时间分为停课初期的两个星期与临近考试的两个星期。在停课初期的两个星期里，你很熟悉的科目则完全没有必要上，比如数学、物理、化学和生物四科。而成绩仍有待提高的英语与语文则还是要上课，以保证跟上老师的进度。在临近考试的两个星期，则需要全部停课，此时由于时间紧张，需要全身心地投入竞赛考试的准备中去。在考试结束后，课程上有落下的，可以找同学借笔记或者找各任课老师进行辅导。我最后又用了心理暗示的技巧，笃定地告诉他，拿奖一定没有问题。当然，也不能给自己太大的压力，只要自己努力过、专注过，即使不能获得一等奖，这段经历也是值得的。

他在我陈述的过程之中不断点头称是。在我说完后，他开心地说，很高兴能够得到老师这样高度的评价，尽管此时他还没有信心能够在竞赛上获得省级一等奖的好成绩。随后他说自己现在完全想清楚了，也有了一定的信心。在道谢之后他向我道别，走出了办公室。

**2. 运用希望心理辅导的方法，积极反馈，加强路径思维**

运用希望心理辅导方法进行第二次跟踪辅导。

师：方同学，最近我路过竞赛教室时观察到了你的专注与认真，你能说说你在备考过程中的感受吗？

他这次的回答显得比上次更加有自信。他说经过了两周的学习，他已经将生物竞赛的专业教材全部看过一遍，觉得并没有出现很难理解的知识点，只是个别知识会由于过度庞杂而难于记忆。但他也相信自己若是能够在接下来的两个星期中保持最好的复习状态，掌握这些知识一定不是难事。因此，他越发认为自己很有可能拿到省级一等奖，获得20分加分。

之所以要定期跟进他的进度并对他进行鼓励，是运用了希望心理辅导的方法，进行积极反馈，加强路径思维和意愿信念。对他的表现给予正向积极的鼓励，保持他的自信心。

## 三、辅导结果与反思

竞赛成绩公布后，方同学如愿获得了省级一等奖。在获知得奖消息后，他毫不掩饰地表达了自己的开心。因为在这段时间的学习中他已经赶上了之前落下的进度，学习状态非常好，而在这个时候他又获知自己得了省级一等奖，能够在高考中获得20分加分。在高三的保送生考试中，他也顺利通过北京大学的考核，获得了保送北京大学的资格。

资优生不是仅仅指理科知识超常的学生，也包括具有各种天赋和浓厚兴趣的学生。资优生既有超出正常学生的特长，也和普通学生一样都是青春期的孩子，甚至有些方面的能力比普通学生还要稍弱一些。作为班主任，要用赏识的眼光看待他们，用科学的方法引导他们，用积极的态度鼓励他们，调动他们自身的资源和优势，顺利地度过学习和心理发育的瓶颈期，成为能够独立思考和独立生存的有用之才。

**参考文献**

［1］王鉴.班级心理学［M］.北京：北京师范大学出版社，2014.

［2］康叶钦.芬兰的资优生教育：由率性发展至规范驱动［J］.上海教育科研，2014（1）：40-44.

［3］潘正凯.英国中学资优生培养的个案考察［J］.现代中小学教育，2015（10）：117-120.

［4］李曼丽，康叶钦.资优生教育理念与实践的国际比较：特色、问题与趋势［J］.河北师范大学学报（教育科学版），2014（5）：105-111.

# 高中三年常规德育工作学年实施计划

深圳中学　杨忠顺

**高一年级：**

**1. 第一阶段（开学—期中）**

（1）通过暑期军事训练与入学教育，让学生初步掌握基本军事知识技能，了解革命光荣传统，增强国防意识和国家安全意识；强化爱国主义、集体主义和革命英雄主义观念；加强组织性、纪律性教育，培养吃苦耐劳和艰苦奋斗的作风；初步形成积极向上、团结奋进、有正确班级舆论及良好风气的班集体。做好初中、高中衔接工作，尽早使学生适应新的学习环境。

（2）报到工作：建立学生成长档案袋，收集、整理学生的各种资料。充分发挥学长团的作用，通过他们在军训期间与学生的互动，重点了解各种特殊的学生（如单亲家庭，来自关外学校等）。

（3）筹建临时班委、团支委，讨论通过班级计划，制定学习、值日、出勤、奖惩等常规制度。

（4）开展多种活动：①庆祝教师节，开展班级文化建设（如设计班徽、创作班歌、筹建班刊、开展班级内部各种小竞赛等）；②开展丰富多彩的国庆联欢庆祝活动；③组织学生参加校运会，安排好运动队、服务队、啦啦队。

（5）开展心理指导：①开展师生对话、个别谈心等活动，尊重学生之间的差异，重视他们的自信心及适应能力；②关心有特殊情况的同学，及时帮助他们解决困难。

（6）进行学习指导，使学生学会学习：①专题讲座"谈谈高中阶段的学习特点及方法"；②进行良好学习习惯的训练，开展最佳学法评比；③寻求各科老师配合，做好各科学习方法指导；④温课迎考，认真严肃对待高中阶段第一次考试，特别要注重考风考纪。

（7）建立班级家长委员会，制订具体的活动计划。请家长到学校听课，参与班级活动，共商教育学生的方法，个别情况特殊学生可安排家访。

**2. 第二阶段（期中—期末）**

（1）讲评班级开学以来的情况，提出班级下阶段的工作目标。

（2）组织学生进行"我的制胜法宝"学习方法交流。

（3）召开家长会或通过书信、电话，向家长通报近期学生学习、思想、生活情况及下半学期的工作打算，请家长配合班级工作。

（4）专题讲座"学习心理及方法"，针对少数学生自卑、担忧、失望心理，从心理学角度进行指导，激励学生的信心，分析探索适应他们自身的科学的学习方法。

（5）依靠班委、团支委，加强常规管理和教育，督促学生遵守日常行为规范。对个别学生要进行谈心、家访，给予个别教育。

（6）充分发扬民主，激发学生当家做主意识，正式民主选举班委、团支委。

（7）举行师生双向谈心会，加强师生间的理解、信任和支持。

（8）组织参加心智培训，加强学生之间的人际互动，培训后，注意收集学生参与活动的新的体会及收获。

（9）制订寒假工作计划，落实假期教育管理措施。要求学生认识几个朋友，读几本好书，做几件有益于他人的事情，积极参加学校组织的各类社会实践活动。

**3. 第三阶段（寒假—期中）**

（1）对上学期的学习、生活和寒假活动做小结，表彰先进，树立榜样，提出新学期的奋斗目标。

（2）引导学生把《中学生日常行为规范》的要求变成自己自觉的要求。

（3）专题讲座"谈中学生人际交往"。

（4）开展"人生与理想"系列主题教育活动：①"人才成长百例"思考漫谈会；②"我从这里走出去"——邀请以往毕业的优秀校友回归母校，现身说法；③"我的目标树"——在校园内开辟一面板报墙，供学生随意书写自己的目标；④组织上年度学业进步奖等评选活动；⑤"走好人生第一步"学生、家长代表、校方座谈会。

（5）对个别在心理上有偏差的学生进行适当矫治和训练。

（6）开始分析学生近一年来学习生活情况，为品德评定、评优及下一学期德育工作做好准备。

**4. 第四阶段（期中—期末）**

（1）举行以"热爱生命"为主题的读书、用书、评书教育活动：①与图书馆联系，为每个同学借阅一本好书，要求做好读书笔记或资料卡片；②组织关于生命的演讲比赛；③举行读书方法、书评与读后感写作指导；④编辑出版深圳中学学生生命教育读本。

（2）请本地的一些专家或家长中的优秀代表，到学校开展关于职业与专业方面的讲座。

（3）专题讲座"在生活中发现美"。

（4）开展形象化教育，将执行《中学生日常行为规范》中的一些偏见、偏差编成小品，在班级晚会演出。

（5）创造条件让学生进行自我评价，为德育评估打下较好的基础。

（6）优秀学生干部向党组织靠拢（个别谈话或座谈），指导团支部建立党章学习小组。

（7）开展好学期末的全校范围学生的社会实践活动。

**高二年级：**

**1. 第一阶段（开学—期中）**

（1）开学初，总结假期生活，表彰交流，举行暑期课程（活动）报告会。

（2）调整班、团干部，注重培养学生干部的素质，发挥他们在班级事务中的自治、自理作用。

（3）教师节前后开展形式多样的尊师活动，沟通师生情感。

（4）结合国庆节，开展爱国主义、集体主义教育活动。

（5）结合班级常规建设状况，进一步提高行为规范训练的要求，注重健康的生活方式和良好人际交往的指导、培训。

（6）专题讲座"谈谈正常的异性交往"。

（7）期中考试前组织开展学习经验交流，及时推广优秀学生的学习经验，并同时开展考前心理调节等心理活动，让学生放松心情迎接考试。

**2. 第二阶段（期中—期末）**

（1）对期中考试进行质量分析，发现和研究学习效果最佳的学生，鼓励学生端正学习态度，培养良好的学风与意志品格。开展好"家校开放日"活动。

（2）注重学生干部和优秀学生的教育。着重干部的自立、自理能力的培养，完成从"拉着走—带着走—放手走"的训练，班级日常工作逐步由学生干部主持。

（3）期末对每个学生做好品德评定考核，写好能反映学生个性的评语。

（4）组织优秀学生，并聘请有关老师，成立学习咨询站，为学习上有困难的同学排忧解难。

（5）开展假期力行课程：深度人物观察等。

**3. 第三阶段（寒假—期中）**

（1）交流寒假期间获得的各种社会信息，采取讨论、辩论或小论文的形式。对假期学生成长档案袋内容充实、丰富情况进行检查、评比。

（2）专题讲座"人才竞争与素质教育"，之后举行有关人才素质的讨论会，帮助学生树立新型人生观。

（3）开设互帮互助专题辅导，组织指导学生自行解答来自班级同学之间的思想、生活、学习、人际、情感诸方面的忧虑和难题，培养学生的综合分析能力。

（4）进行"珍爱生命"主题系列教育，提倡关心他人、珍爱自己。

（5）组织学生参加各项与就业和升学有关的活动。

（6）向团委或党组织推荐优秀学生干部作为培养对象。

**4. 第四阶段（期中—期末）**

（1）结合期中考试质量分析，开展学生心理咨询，帮助有心理障碍的学生树信心、鼓勇气，克服障碍，争取在会考中取得好成绩。

（2）开设讲座"智力因素与心理品质"（或"智商与情商"），引导学生着重毅力与意志的培养。

（3）抓好会考前的复习迎考工作，在任课老师的帮助下，针对学生的不足进行个别指导和补习。

（4）围绕高二年级教育重点，做好学生品德考核及三好学生、优秀学生干部、各类特色学生的评定。同时对评选出来的优秀学生给予奖励。

（5）组织指导好高中最后一个暑假：① 有目的、有重点地进行家访，了解学生各方面情况，指导学生加强自学和补习。② 组织读书和社会考察，指导撰写读后感和调查报告。③ 组织学生之间的学习互助活动。④ 进行一次高三前的学生生活总结，形式不限。

**高三年级：**

**1. 第一阶段（开学—期中）**

（1）引导学生摆正心态，坦然接受考试分班的结果。集中精力，调整情绪，迎接高三生活的开始。

（2）对自己提出奋斗目标，安排好学习、体育、娱乐等活动。

（3）重视学生心理素质的训练和提高，根据不同学生的特点，请校友和优秀学生介绍经验，进行学习目的、态度、方法的交流活动。

（4）组织学生进行社会实践活动，以"留给母校一份情"为主题的护绿保洁活动，让学生了解社会现状，学会观察、分析社会现象，增强责任感和使命感。

（5）由学生负责搞好两次庆祝活动：①庆祝教师节，开展"老师，您的心愿我明白"等尊师重教活动。②庆祝国庆节，深化爱国主义教育，举行"把一切献给祖国"主题班会，把个人前途与国家命运结合起来。

（6）认真组织好"成人仪式"，选择有教育意义的场所，让学生明白责任和义务，学会宽容，懂得感激，增强自信，提高心理和生理承受能力。

**2. 第二阶段（期中—期末）**

（1）进行认真细致的考试质量分析，精心准备召开复习动员主题班会，表扬品学兼优的学生。同时运用个别谈话的形式，指导不同类型学生的复习迎考。

（2）做好不同层次学生的思想教育工作，对"盲目自满"的要求其"更上一层楼"；对自卑的要鼓励引导，使其建立自信，在现有的基础上得到提高。

（3）专题讲座"理想、专业和人生"（结合毕业前途讨论）。

（4）围绕升学就业，组织一些有吸引力的活动，丰富高三学习生活。如：①"假如我是……"演讲赛；②"一曲青春的颂歌"书评或影评活动；

③ "十八岁，闪光的年华"生日晚会。

（5）指导家长正确评估自己孩子的实力，合理选择升学方向与职业。

（6）结合对本地经济建设的调查，进行参观访问或社会考察，树立正确的成才观。

**3. 第三阶段（寒假—期中）**

（1）利用寒假，开展中学生与大学生对话，请大学生谈理想，谈当年高中毕业时的生活感受及如何站好最后一班岗。谈大学的生活，谈如何处理个人、集体、国家的关系。

（2）组织关于理想前途的专题讨论会、报告会，可以请先进人物或校友来校，或出去进行专访，以帮助学生树立崇高理想。

（3）专题讲座"谈谈考试心理"（结合应试心理咨询）。

（4）做好团员的评议考核，写好学生的毕业鉴定，填好社会实践表格，师生互换意见，将评定、鉴定与学生见面。

（5）针对学生在毕业前产生的各种思想问题及时开展心理辅导，个别谈心，提高学生心理承受能力。

（6）进行尊师爱校教育：①"难忘母校情，永铭师长恩"座谈会；②"光荣属于母校"三年学习成果展览；③"在我记忆深处"征文评选。

**4. 第四阶段（期中—期末）**

（1）总结会考情况，举行三年学习心得座谈会，进行高考复习指导。

（2）专题讲座"如何填写志愿"。

（3）开展高考前的心理教育、心理咨询，对个别心理压力很大、行为异常的学生重点关注、跟访，必要时建议家长转介到专业的心理医生处。

（4）进行"怎样评价自身价值"的价值观教育，如："一考能否定终身？""人才是单一型的吗？""怎样正确认识热门专业？"等等。

（5）组织毕业典礼。

（6）高考后的工作：①师生配合，准确填报志愿；②指导填报志愿，动员学生将高考成绩与自己的兴趣爱好相结合，从自身实际情况出发，选择好自己的路；③对高考中发生失误的学生做好心理辅导。

主题活动

篇

## 开篇： 千里之行始于足下

## 以积极阳光的心态拥抱高中生活

——高一新生入学团体活动方案

深圳高级中学　李雷雷

### 一、活动目的

本次活动的目的是：加深班级同学之间的认识与了解，培养班级同学之间团结一致、密切合作、克服困难的团队精神；培养计划、组织、协调能力；培养服从指挥、一丝不苟的工作态度；增强队员之间的相互信任和理解。

### 二、活动场地

操场、体育馆（下雨天）。

### 三、活动材料

桌子4张、海绵垫8张、乒乓球4个。

### 四、教学时数和对象

2课时（90分钟）、高一年级学生。

## 五、参与教师及分工

班主任、心理老师、体育老师……

教师分工：班主任——总协调；心理老师——主持；体育老师——设备及协助。

## 六、活动内容

### （一）开场白（5分钟）

同学们，大家上午（下午）好！接下来的时间老师将带领大家一起开展团体活动，很高兴可以和大家开展一段奇妙的心灵之旅。这次活动主要是通过游戏、交流和分享来体验团队的力量和与人交往的快乐。希望今天的活动能够让大家有所收获和感悟，成为你们高中生活中记忆深刻的一部分。

为了使我们今天的活动取得圆满成功，在活动开始之前，我们来做一个口头约定：

（1）在整个活动时间内，听从老师的安排，不做跟团体活动无关的事。

（2）全身心投入每一项活动，认真体验和分享。

（3）当老师或同学发言时，要认真聆听。

现在请每个班的同学站好，男生一列、女生一列，然后按照"1、2；1、2；1、2…"的方式报数，请同学们记住自己所报的数字，每个班相同数字的同学为一组，分好后，请先伸出我们的左手，再伸出我们的右手，跟着我的口令，让我们的双手快速亲密接触10下。1、2、3、…、8、9、10，谢谢，请把最热烈的掌声送给自己和现场的每一个同学。你们有信心成为全场最优秀的小组吗？

### （二）找零钱（20分钟）

（1）假设男生是1元钱的硬币，女生是5角钱的硬币（如女生多而男生少，可假设男生为5角钱、女生为1元钱）。

（2）每个小组的同学围成一个大圆圈，集体向右转，双手搭在前面一位同学的肩膀上，随着主持人的口令（今天上街去买菜，买了［1/2/3/4］斤××菜）圆圈逆时针转动，当主持人报出菜名时，全班同学集体问："多少钱一斤？"

（3）主持人随意报出一个菜价，所有同学要根据男生和女生的面值迅速抱成一组，小组的面值之和等于这个菜价。没有成功进组的同学先在旁边等一下，等这个活动结束后，我们会让他们体验一个特别的游戏哦！

（4）更换菜名和菜价，重复进行4~5轮，让成员体验进入团队的归属感和无法进入团队的感受，主持人最后一轮报出的菜价最好是使全班每个同学都能够顺利进入小组。

分享要点：当你没有成功加入一个小组的时候，你的感受如何？

引导方向：每个人都有归属的需要，希望大家勇敢地加入我们这个大家庭，同时也愉快地接纳别人。（这个环节注重同学分享）

### （三）信任背摔（35分钟）

**1. 背摔规则**

上一轮游戏中没有成功加入的学生依次从桌子上直身向后倒下，其他学生在背摔台下平伸双臂做保护（老师示范）。

**2. 背摔意义**

面对自己无法控制的局面，靠理智及对同伴的信任战胜恐惧，切身体验什么是"充分信任，相互依赖"。

**3. 背摔材料**

海绵垫8张、桌子4张。

**4. 背摔概述**

"信任背摔"源于心理拓展训练，它对学生的心理锻炼有很强的作用，尤其对责任感及增强同学之间的信任等集体精神的培养非常有效，且此练习具有极限挑战性和趣味性，深受学生的欢迎。

每组接受惩罚的学生依次从一张桌子上直身向后倒下，其他学生在背摔台下平伸双臂做保护。

**5. 信任背摔注意事项**

（1）要求大家把危险物品（眼镜、手表、手机、首饰等物品）统一管理，助理负责整理、收集。

（2）讲解动作要领。

① 背摔者：身体直立，双手平举，双臂交叉，内收两肘夹紧并紧靠胸前。

② 保护者：（织网）同性别学生两两相对，右腿膝盖内侧相扣，抬头直

腰，双臂放于对方肩上，掌心向上，一内一外，五指并拢，头往后仰，空出空间，全神贯注，时刻准备。

③背摔者："我是××，我需要大家帮助。"

④保护者："我们永远支持你。"

⑤背摔者："我来了。"

⑥保护者："来吧。"

（3）准备完毕，第一位背摔者上台，把背摔者移至背摔台前端，指导老师一手扶住练习者手腕。

（4）指导老师帮助背摔者调整心态，做好准备，并随时观察现场情况，安全操作，严格执行。

（5）教师助理要协助操作，对台下不规范动作进行纠正，对每个成功者进行鼓励。

（6）教师宣布完成情况。

**6. 注意事项**

（1）要求保护者在背摔者动作完成前无论出现任何情况都不可以撒手。

（2）随时提醒大家注意保护，纠正保护动作，一旦发现安全隐患，应立即中止训练。

（3）整个过程中要时刻注意保护者的动作是否正确、精力是否集中。如发现有人嬉笑打闹或有人还未做好准备，不可让背摔者进行操作。

（4）不管背摔者在任何情况下向任何方向发生坠落，都要有人能够接住并保护。

（5）尤其要注意保护背摔者的头部和脚部。

（6）项目进行中，教师随时关注可能出现危险的地方，宁可自己受伤也要保护好学生。

（7）当背摔者长时间不敢背摔时，应具体分析其原因并采取相应的调适措施。如果因为害怕自己倒下的姿势不标准，可以对其进行放松性调适，告诉其训练的主要目的不是倒下的姿势，而是体验被队友接住的感觉；如果是害怕队友无法接住自己，则可以对其进行安慰，并让大家给予鼓励；如果经调试长时间仍无法背摔时，可以将其带到一边有海绵垫的地方由低难度至高难度逐渐进行脱敏训练，最终帮助其完成正常训练。

**7. 引导分享**

（1）谈谈突破心理障碍瞬间的感受和挑战自我的意义。

（2）当你躺在队友的怀抱中时有什么感觉？有没有感觉彼此间的内心距离拉近了？

**（四）解开"千千结"（25分钟）**

各组同学分别手拉手围成一个圈，以最舒适的方式把手拉在一起，记住自己左手和右手分别拉的是哪个同学。

（1）记清楚之后，请大家在自己的圆圈范围内随意走动，主持人喊停的时候大家保持不动，并确保自己左右两边的人都不是原来的同学。

（2）请大家站在原地不动，半分钟之内迅速找到自己左手拉过的同学和右手拉过的同学，然后紧紧拉住，在整个活动过程中都不能松开，形成一个"千千结"。

（3）请大家集中智慧交流沟通，通过钻、跨、转等方法把这个"结"打开，重新回到最开始站的那个圆圈，但是任何人都不能在活动过程中松手。

（4）当各组都顺利打开"千千结"后，可以将全班同学合并成一组，增加"结"的难度，重新进行游戏。因人数较多，此时搅乱"结"的方法可以是主持人拉着一位同学的手在整个圈中穿、跨、钻等，尽量使"结"复杂。

分享要点："你们是如何把'结'打开的？""你们为什么没有把'结'打开？""在打开'结'的过程中有没有领导者？你起到了什么作用？""游戏结束后你有什么感悟？"

引导方向：团体合作，有效的沟通、领导与服从……

**（五）结束语（5分钟）**

好了，快乐的时光总是很短暂。同学们，今天的活动就进行到这里，感谢大家与我们共同度过难忘的90分钟，这将成为我们美好的回忆！衷心祝福你们的高中生活充满精彩，期待下一期活动与你们再会！再见！大家离场时注意安全，不要挤推前边的同学！

# 新高一开学初，班主任的那些事

深圳市艺术高中　安坤鹏

转眼间暑假就要结束，马上迎来新的学期。对于即将步入高中的学生来说，进入高中的第一件事就是迎接军训。军训结束后，调整状态，迎接人生中最为重要的高中阶段。对于接手高一的班主任来说，开学初工作千头万绪，如何有条不紊地迎接好学生军训以及做好开学第一个月的班级管理工作尤为重要。俗话说，好的开端是成功的一半，那我们一起来看看新高一开学初，班主任的那些事吧。

## 一、提前拿到分班名单，了解学生的基本信息

提前拿到分班表，了解学生基本家庭信息和中考各学科成绩。倘若没有学生家庭基本信息介绍，班主任需要设计一份深圳市艺术高中2020级高一学生基本信息调查表（见表1）。

表1

| 深圳市艺术高中2020级高一学生基本信息调查表 | | | | | |
|---|---|---|---|---|---|
| 姓名 | | 性别 | | 身高： | 照片粘贴处 |
| 视力 | 左眼：<br>右眼： | 曾担任过的职务 | | 爱好： | |
| 优势科目 | | 想在高一担任何职务 | | 特长： | |
| 称谓 | 姓名 | 职业 | 工作单位 | 联系电话1 | 联系电话2 |
| 父亲 | | | | | |
| 母亲 | | | | | |

续 表

| 深圳市艺术高中2020级高一学生基本信息调查表 | | |
|---|---|---|
| 家庭住址 | | |
| 你的优点 | | |
| 你需要改进的方向 | | |
| 你理想中的班级状态 | | |
| 三年后的你 | | |
| 军训时对自己的期待 | | |
| 暑假有预习高中教材吗 | | 预习的科目 |
| 给自己的高中寄语 | | |
| 给班主任的心里话 | | |

**1. 建立家校情感沟通平台**

了解学生基本信息之后，可以建立班级家长微信群和家长QQ群，微信群用于日后家校沟通，家长QQ群用于上传班级活动照片、资料等，可长期保存及随时下载。班主任在微信群里，以恰当规范的语言向家长介绍自己（此处不用介绍得过于详细）以及带班风格。例如：敬爱的高一××班家长，欢迎我们的孩子就读于深圳市艺术高中，我是××班的班主任×××，接下来我们将携手见证孩子的高中时光，一起帮助孩子筑梦起航、实现梦想，一起呵

护孩子健康成长、幸福快乐。我的手机号码是181××××××××，我的QQ
号是××××××，期待与各位家长有更多的交流。

**2. 掌握班级每个学生的基本情况**

借助问卷调查表和军训期间学生的表现，有意识地记住每个学生的基本情况
和性格特点，尝试记住每个学生姓名，以便正式开学时能叫出每个学生的姓名。

**3. 关于军训小提示**

（1）军训期间，可以给每个学生准备姓名卡牌，贴在胸前，方便教官认人
奖惩，事半功倍。

（2）准备一个小医药箱，内有口罩（疫情期间尤其有必要）、藿香正气
水、葡萄糖、止血贴、消毒水、清凉油、消毒碘液、消毒酒精。

（3）准备一包纸巾，学生站军姿时给他们擦擦汗，让他们感受老师的关爱。

（4）中午和晚上去查寝，关心学生，特别需要关心身体不适或心理不适应
的学生。

## 二、提前制定班级管理制度，构思班级发展规划

根据学生的成绩情况、学科的优劣势、性格特点以及自我期待等方面的了
解和分析，制定初步的班级管理制度（具体细则，可以通过开学第一、二周，
让学生参与班级管理细则的提出、修订与完善），以掌握班级管理整体框架，
保证一切突发意外情况能及时处理。

利用开学前的一段时间，班主任需要思考构建怎样的班集体，通过三年时
间培养怎样的人。高一上下、高二上下、高三上下每个学期的培养目标可以做
一个整体规划。从班级管理理念、班级培养的总目标和阶段目标、班级培养策
略、班级培养的具体措施、检测和评价机制等维度顶层设计三年的班级发展规
划，助力学生考上理想大学。

另外，准备好开学第一课班会。开学第一课班会可以围绕"一知三心"来
开展，大致如下：

（1）介绍学校和班级科任老师（整体感知学校，了解校园和老师）；

（2）介绍高中三年努力拼搏的意义，此处需以生活中的真实案例呈现，切
勿说教（帮助学生确定远大的学习目标，树立信心）；

（3）仰望星空，脚踏实地，介绍班级培养目标，民主讨论管理细则（帮助学生树立责任心）；

（4）让学生逐一上台做自我介绍，同学们相互倾听（形成温馨的班级氛围）。

## 三、细致准备开学各类事情，避免开学时手忙脚乱

在开学前，班主任需要做足开学准备工作，以确保开学后学生能顺利地融入课堂，高效学习，规律作息。具体包括以下几点。

（1）制定好班级课表和学校作息表。需在开学前，制定好班级课表和学校作息表，并及时下发给学生，让学生根据课表和作息表，提前了解开学一周的课程和作息，方便学生提前预习课本及在心理上适应开学。

（2）安排座位表。第一周可以按照视力和身高排，一周后结合班情和个体情况重新排列。安排座位是一门艺术，可以成为班级管理的好帮手。提前布置好座位表，让学生走进班级就有一种秩序感和归属感。

（3）安排好卫生值日表。第一周可以按照寝室成员来安排，每个寝室一天。涉及的值日任务需涵盖班级的各处，比如擦黑板、书柜及讲台，摆桌椅，扫地，拖地，倒垃圾，关电器六大项目。

（4）准备好校园安全管理细致。校园里，安全放在第一位，安全教育高于其他一切教育，提前告知学生各项安全管理细则，让学生内心对安全多一分敬畏。

开学第一周是班级风气萌芽的时期。学生会暗地里察言观色，试探班主任的为人风格和做事底线。班主任要利用第一周的"新鲜期"细心观察学生，多方面了解学生，深入关怀学生，物色班干部种子选手，对调皮学生、内向学生、后进生等不同类型的学生做到心中有数，同时加强家校沟通，对学生多鼓励、多开导，帮助他们顺利度过开学的适应期。

开学第一个月是班级风气形成的关键时期，也是最辛苦的一个月，但是"辛苦一个月，省心三年""放松一个月，操心三年"！比如：开学初一个月，班主任需早早到班检查早读人数，大课间看做操，午休去食堂看看，每天去寝室和学生聊聊天，晚修时严抓纪律打好基础。开学第一个月，班主任勤跟学生是为了更深入地了解学生。有些学生表面上看起来很正常，回到宿舍却偷

偷哭泣，情绪会互相传染，班主任要多关心并及时引导，帮助他们尽快适应高中生活。

# 做个轻松的班主任
## ——接手高一新班级之我见

深圳坪山高级中学　王　檬

9月将迎来新一届高一学生，作为一名高中老师，自己也即将奔赴新高一教学。多年经验告诉我：高一是"天下动荡"、极其不平凡的一年，如何做好学生从初中到高中的学段转换，在高一展现良好的状态，建设一个有良好班风学风的班集体尤为重要。俗话说："好的开始是成功的一半。"当班主任好比开火车，起初技能尽管生疏，但如果能走上正轨，后面的路将会通畅无阻。怎样才能开一个好头？那就要把握住开学的第一次新生见面、第一次家长会和第一个月了。

## 一、第一次新生见面（如图1所示）

图1

### 1. 要树立班主任形象及威信

第一次与学生见面，不仅要让学生喜欢你，还要让他们信服你，所以需要一些技巧。比如，在刚开始时一定要立好规矩，但一个班里总有调皮的孩子，所以需要建立奖惩机制。在最开始时要设立简单的班规，等到正式开学再通过班会的形式，让学生参与制定班规。奖惩机制的建立，让学生知道班主任是言而有信的。当然，惩罚不宜过于频繁，否则学生会打心底里对班主任敬而远之，而没有喜爱。所以，第一次见面可以带一些小奖品，不必贵重。

### 2. 要善于观察和用人

第一次见面，可以考查学生的能力。比如发书，将很简单的事情交给个别学生，但不要撒手不管，而是像放风筝一样，用线牵引着，并观察学生的能力，为日后选班干部做准备，也能减轻自己的工作量。

## 二、第一次家长会

教师第一次与学生家长见面，比按学校工作安排讲新生注意事项更重要的是教师实力的展现。这场家长会，教师需要站在一定的高度，自信地展现自己，让家长从第一眼就开始信服你。那么，家长会到底要做什么？

### 1. 可以简要介绍自己的一些经历

要把握好尺度，不必和盘托出，但要有亮眼的成绩，让学生家长觉得你可以胜任。至于自己的短处，就没必要谦虚表明了。

### 2. 基本的东西不能丢

关于新生入学应该注意的问题有哪些，老教师那里一定有经验，可以向他们请教。但切忌一味地照搬照抄，一定要有自己的思考，同时完善每一处细节，尽可能让自己的PPT精美呈现，学生家长自然也会赞赏你的能力。

### 3. 要有自己的原则

当班主任，原则很重要。无论是与学生及家长，还是与同事，处事一定要有原则。第一次见面不必旗帜鲜明亮底牌，但是需要让家长明白你的做事风格以及班级管理中需要大家谅解之处，一些敏感话题如换座位、特殊照顾等，可以将丑话说在前：理解每一位家长对孩子的爱，但作为班主任，会公正地对待每一个学生，一切调整将从班级管理角度出发，希望家长不要干预并给予充分的信任与支持。

### 4. 不打无准备之仗

无论是自己的妆容还是教室装扮，都需要提前花心思准备，不过度，但要让人看出你很用心。

## 三、第一个月

为什么要特别提第一个月？因为对于新生而言，第一个月是习惯建立的养成期。并不是说后面就会一劳永逸，而是说要把握住开学第一个月，将工作做得尽可能细致，投入比以往更多的精力，确保班风班貌初步形成，班级的各项工作就能慢慢走上正轨。

### 1. 抓细节，规范化

习惯怎么抓？六字诀：抓细节，有要求。细节说起来容易做起来难。要细到什么程度？学生从到校的那一刻至离校的那一刻，都由你"承包"，回到家后家长的配合还需要你操心。总而言之，每个学生从头到脚你都要管。不要以为你只需在办公室"垂帘听政"，如果这样，那些打报告的学生会"攻占"你的办公室。所以，在开学初就要初步将规矩定下来，学生参与，教师主导。你想到的尤其是学校不做规定的盲区，都应该有个公约。良好班风的建立，还应该配合人性化的规章制度。就现在来说，班级管理大致以制度管理为主，用制度目标制约学生。这种制约模式在当下有一定的缺陷，但它有助于操作的规范化、程序化。强调过于统一集中而缺乏弹性，过于塑性而缺乏展性，容易制约学生的活动性、自主性和创造性。第一，制订班级计划，完善班级目标。一艘船如果没有目的地，那么将会永远靠不了岸。一个班级最重要的是要制定好自己班级所期望达到的目标，这就是班级所要到达的目的地。在制定目标的时候，需要结合学生的身心发展特点，从简单到困难，循序渐进，尽量符合学生实际。同时也要注意根据学生个体差异，因材施教。第二，以班规为标尺治理班级。当班级制定出了班级目标后，老师和学生所需要做的就是严格遵守班级班规，而不是让制定好的班规成为一纸空文。随着班规的建立，班级就不再乱了。

### 2. 齐参与，聚人心

班级建设一定要发动学生参与，无论是班规的制定还是班干部的选举。这里主要讲班干部的选择。学生对当班干部都有着极大的热情，班主任可以不急于定人选，一来便于观察谨慎决定，二来给学生留有希望，更能激发他们的热情。那么，定班干部之前怎么办？关键职位小变动，其余职位灵活变动。如班长职务可以一周或者不定期当，又或者设置评比机制，胜出的可当一周或更长。其余的职务可根据具体情况实行每天轮值，如值日小组长。还可以建立小组合作制，组内轮流当组长等。

### 3. 抓典型，正班风

学生需要榜样，班级管理也需要主心骨。当发现某学生某方面做得好时，可以抓住机会在班上表扬、展示。一是结合学生实际情况，及时表扬与批评，形成良好氛围。在班级里，充分利用量化分板块来记录每名学生的近期表现，促进良好氛围的形成。二是利用学校与班级宣传栏，加大舆论宣传。在课余时间，我经常会组织学生排队来到学校的宣传板前，给他们讲一讲"榜上人物"是做了什么事才光荣上榜的，我们应该向这些上榜的好同学学习。我告诉学生要学习上榜人物的精神，而且能够上榜是一件非常光荣的事，是一件值得骄傲的事。我还会鼓励学生要争取成为上榜人物，为自己争光，为班级争光，为父母争光。三是利用班队活动课，组织学生多读英雄事迹。在我们学校，每周都有一节班队活动课。我会尽可能在一个月里抽出一两节班会课的时间，组织学生观看一些英雄的小故事。观看后组织几个学生来演一演英雄人物的故事，加深学生对英雄人物的印象。除了观看和表演外，我也鼓励学生在班会课上勇敢地上讲台来给大家讲一讲自己所知道的英雄人物，可以是历史上的人物，也可以是身边的人物。

总而言之，良好的班风对整个班集体的形象、对学生的发展、对教师的工作都是有百利而无一害的。让班级有好的形象，能够减少教师的工作负担，能够对学生在学业、个性等方面的发展有好的引导作用。因此，建设良好的班级风气在开学初势在必行。

# 一份清单，理顺开学前后高一班主任要做的那些事

深圳中学　袁　龄

新生入学期间对于班主任而言，常常会感到在短时间内大量待办事项发生堆积，可能会遇到手足无措的情况。因此，本份工作清单可以帮助班主任理顺开学前后要做的那些事，让我们一起一睹为快吧！

行动开始之前，班主任需要对班级进行顶层设计，思考想要打造一个什么样风格的班集体，并且需要考虑如何帮助新生又快又好地适应入学关键期。我把清单内容分成了环境、关系和文化三个方面来展开。

## 一、环境：教室是主要的教育空间（如图2所示）

图2

### 1. 硬装：熟悉教室环境

如果把班级比喻成一个家，少不了家的物理空间，那就是班级的教室。开学前，班主任可以到新的教室熟悉环境，检查教室里的硬件设施是否齐全、功

能是否正常，如有问题及时上报和处理。

### 2. 软装：布置教室环境

首先，"新家"里不可或缺的就是打扫、整理和布置。如果可以，班主任可以和学生志愿者一起简单打扫教室，在黑板上写好欢迎词，在过程中观察和了解学生的性格与特点。其次，班主任可以初步规划出教室各个功能区，如绿植区、优秀作业展示区、板报区等，在条件允许的情况下进行简单的教室布置，创造温馨的班级环境（如图3所示）。最后，班主任可以根据教室的空间大小，初步设计座位排布，可以先让新生到班后自行选择位置，后期通过观察再根据情况调整。

图3

## 二、关系：情感关系是教育的基础

### 1. 树立班主任形象

"新家"里的班主任留给新生的第一印象尤为重要，可通过外在方面的整洁大方着装到内在的语言表达来传递教育理念。疫情期间，班主任还需做好防控准备和防控指导。与此同时，班主任将入学要收集的文件和资料列好清单，把第一次与新生会面当作第一节班会课，将带班的想法和理念用演讲等多种方式展现给新生，并将班级的科任老师介绍给新生。

### 2. 尽快熟悉每个学生

美国著名人际关系学大师戴尔·卡耐基曾说："一种既简单又最重要的获取好感的方法，就是牢记别人的姓名。"拿到班级学生名单后，首先是尽快记住每一个"家庭成员"的名字。其次是设计学生信息收集表,在开学初尽快了解学生的基本信息。最后在新生报到等过程中观察每个学生的性格和特点,并利用课余时间与学生展开一对一的交流(见表2)。

表2

| 20_____级高一_____班学生信息登记表 |||||
|---|---|---|---|---|
| 基本信息 | 姓名 | | 学号 | |
| | 个人座右铭 | | | |
| | 简短描述自己的三个优点↓ | 简短描述自己的三个缺点↓ || 简短描述自己的三个特点↓ |
| | 1. | 1. || 1. |
| | 2. | 2. || 2. |
| | 3. | 3. || 3. |
| | 写出你的特长/兴趣 | | | |
| 家庭信息 | 姓名 | 工作单位 | 职务 | 是否担任过家长委员会委员 手机号码 |
| | 父亲 | | | |
| | 母亲 | | | |
| | 家庭住址: | | | |
| 住宿方式 | □校内住宿 | 宿舍号_____ ||| 
| | □校外租房 | □家人陪同  □同学合租 □单独一人 || □在校晚自习 |
| | □住在家里 | 到校方式:□步行  □骑车 □公交地铁  □打的/家人送 || |
| 回首过去 | 初中毕业于: ||||
| | 中考总分_____分:语文_____分,数学_____分,英语_____分 ||||
| | 在你的成长时光里,你记忆最深刻的且愿意与老师分享的经历是: ||||
| | 在你的成长时光里,你最头疼或最苦恼的且希望老师与你一同分担的事是: ||||

续 表

| | |
|---|---|
| 回首过去 | 你的获奖情况如何？谈谈你的班干部/社团活动经历。 |
| | 你如何评价自己过去的学习状态和水平？（整体情况，也可分科描述优劣势） |
| 展望未来 | 你的人生目标是什么？你的梦想和追求是什么？你想如何实现？（也可谈谈理想的大学） |
| | 你对自己未来高中三年的期待是什么？经过高中三年洗礼，想达到怎样一个状态？ |
| | 你对高——年的规划是什么样的？（从学习、社团等占总精力比重来谈谈） |
| | 你希望得到老师和同学们怎样的帮助？（包括但不限于学业、家庭、人际关系） |
| | 你对班级有什么期待和建议？你愿意为班级做些什么？ |
| | 你想自荐班干部中的什么职务？你想怎样干好这份工作？ |

**3. 搭建家校沟通平台**

"新家"中重要的群体是家长。开学第一次家长会，要向家长们介绍你的带班理念和请假制度等，建立良好的信任感，并且建立家长联系群和选举家长委员会代表。

## 三、文化：班级文化引领学生成长

**1. 没有规矩，不成方圆**

班主任可以根据新生毛遂自荐情况选举出两个班长，负责开学期间的班级相关工作，并在熟悉学生的过程中观察适合担任班干部的学生。另外，班主任需要提前准备班级里的卫生值日、学习作业、出勤纪律等各项制度的大纲，可以在建立班委会后引导学生自主完善制度。

**2. 精神引领而不仅仅是管理**

对于刚升入高中的学生而言，学习方法和知识内容大相径庭，班主任可以提前准备一些学法指导的内容，以班会或者板报等形式展现。在开学月的班会中，引导新生做好高中三年的规划，写下"给三年后的自己的一封信"。最后在合适的时间组织全班同学合影留念，为打造集体荣誉感奠定基础。

# 其实我们在一起

## ——高中生活的心理适应主题班会

深圳龙华高级中学　李佳莹

## 一、问题的提出

学生入校，经过组建班级、住宿生活，开始高中学习。周末布置学生基于高中生活写周记。从周记中可见学生心理适应方面的如下问题：

（1）人际环境变化引起心理适应不良的问题。

（2）学习难度增加引起心理适应不良的问题。

（3）亲子关系恶化引起心理适应不良的问题。

本次主题班会课主要围绕解决前面两个问题展开，帮助学生更好地过渡到高中生活。

## 二、主题教育目的

（1）基于出现的心理问题设计活动，帮助学生快速融入新环境。

（2）立足高中生热情有朝气、对未知事物有好奇心、接受新鲜事物能力强等特点，引导学生进行人生规划。

（3）引导学生有计划、有步骤地投入高中阶段的学习生活，不断激发自我潜能并获得内在的动力。

## 三、课前准备

（1）收集周记，整理问题。

（2）与学生个别谈话了解情况。基于学生熟悉程度，结合男女性别、初中不同学校等因素，给学生分组。

（3）各小组确定组长，给出活动题目，课前分组准备相关活动道具。

## 四、班会流程

### 1. 组织开展活动项目

活动项目：钓瓶子、运乒乓球接力。

（1）钓瓶子

老师准备各式各样的瓶子若干，学生分组自备"鱼竿"。各组各派一个人上场，同时站在线后开始钓瓶子，直至瓶子钓完。每组再换一个人上场参与活动。累计各组钓起瓶子总数，予以评价（如图4所示）。

图4

（2）运乒乓球接力

沿着教室的长度，进行乒乓球接力，看哪个组接力完成用时最短。

**2. 学生讨论活动收获**

两项活动都需要全组成员通力合作才能圆满完成。

一些完成比较优秀的小组有以下特点：

活动第一项，在"鱼竿"的准备中有技巧，不同的杆子粗细、不同的"钓钩"对不同形状的瓶子效果不同。这方面动过脑筋赢得比赛的小组自然会获得其他组的崇拜。成功小组组内的凝聚力会增强，失败小组共同承担结果，也会有不一样的归属体验。

活动第二项，不是经常运动、熟悉乒乓球的同学也能把此项活动完成得很好。运球、交接以及各组排位的先后顺序都会影响比赛结果，还可能出现后来者居上的现象。由这个活动，跟学生总结：人生要经历每一个阶段，每一个阶段又由更细小的时间单位组成，起始之时的规划、各个阶段的衔接、整个过程的坚持都会对结果产生影响。趁早做出适合自己的规划，可以少走弯路。

**3. 针对心理适应方面的问题给出建议**

高中生活和学习与刚才的游戏一样，快速融入环境、有前进的方向、积极选择解决问题的方法，能更好地学习、更顺利地生活。

高中阶段学习科目增多，难度增大。我们可以参考班级中适应得比较好的同学的学习规划，选择适合自己的方法，给自己确定阶段性小目标，如同玩闯关游戏，可以一步步给自己以新的挑战。

为了帮助大家适应和过渡，我们给大家分组，以"共同体"的形式开展学习。评价以小组平均进步名次的多少为标准。形成组内合作相互支撑，组间竞争相互借鉴的学习、生活氛围。

## 五、班会延伸

学生完成本周的周记，在周记中和老师书面交流。可以谈收获、反思，也可以对分组情况、评价方式提出自己的看法，有利于师生间进一步沟通交流。有针对性地为个别适应不良的同学营造更好的氛围，并在课余时间单独交心。

## 六、班会反思

本堂班会课的设计，旨在学生于活动中感受温暖、融入集体。在游戏中体会到成功不是单一因素导致的，需要正确的方向、巧妙的方法、深厚的实力、不懈的坚持、温暖的氛围等因素共同作用。在活动中体会这些，比单纯的说教更能触动学生的心弦。

这也为有凝聚力的班级建立、发展做铺垫、打基础。

# 人贵清明，自省是为了不忘

## ——清明节班会课案例

深圳龙华高级中学　李佳莹

## 一、班会背景

2020年年初疫情期间居家学习近两个月，不少学生出现了倦怠现象。高一学生已经完成选科，因为疫情未返校，未分班学习，仍按照原班级上大课。依照学校要求，清明节组织学生缅怀先烈，对学生进行生命教育；年级要求，清明期间组织并动员学生测验，并让学生调整学习状态。故以原班为单位，原班主任组织召开班会。

## 二、班会目的

### 1. 年级统一要求

（1）班级情况总结（在线学习期间考勤、作业、课堂等）。

（2）居家学习分享：想法、方法、做法、效果、效率。

（3）复习备考动员：确定目标、做好计划、坚持执行。

（4）清明放假要求：总结梳理、复习备考、正常作息、劳逸结合、陪伴家人。

（5）生命安全教育：珍爱生命，注意安全，疫情期间注意防范。

### 2. 本班班会目的

（1）为同学们减压，引导学生反思、调整居家方式。

（2）珍爱生命，勇担社会责任。

## 三、班会准备

（1）布置学生准备以下材料："清明祭——纪念抗疫中牺牲的英雄"、"吐槽大会"、"居家学习反思、经验"分享、"居家生活之美"分享。

（2）班主任准备背景音乐、课件，从各位科任老师处了解情况并做整理，熟悉"腾讯会议"App的运行使用。

## 四、班会程序

（播放宫崎骏视频，等待学生进入会议。视频为以前的学生剪辑制作的，这个班的学生也将成为"以前的学生"，有点小伤感）

Hello，大家好，很久不见，甚是想念。今天是一个特殊的日子，如约和大家见个面。今天我们来一场班级会议。我们今天主要围绕"缅怀与感恩""吐槽与讨论""学习与思考"这几个模块展开。

今天这个日子意义重大，先请班长带大家进行"清明祭——纪念抗疫中牺牲的英雄"。

环节一：班长带领大家进行"清明祭"，一起线上缅怀先烈（见图5）

图5

班主任小结：有句话我觉得写得特别好："中国人总是被他们之中最勇敢的人保护得很好。"希望大家不只是感性地记住，更要多一些独立、理性的思考。

环节二：吐槽与讨论

太久不见，在（3）班即将解散之际，一场疫情又让我们多存在了几个月。反正大家早晚要散的，吐吐槽，好像现在是最好的时机。"学习和思考""吐槽与讨论"两个话题，你从哪个开始？（如图6所示）

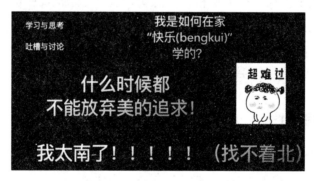

图6

张同学、黎同学等同学吐槽："我太南了。"

张同学表达了有关上课时长、上课方式、作业完成中遇到难题等问题，很多同学表示认同。

黎同学分享了课件，展示居家学习遇到的问题、不靠谱的解决办法、对同学的想念，获得大家的共鸣（如图7所示）。

图7

班主任小结：我也知道大家太难太苦了。今天给大家机会吐槽，也希望在吐槽之后，大家能舒服一点。我也吐个槽吧——小结大家线上学习考勤情况。大家都有槽点，无论你是否情愿，这样的疫情下，生活还得过，并且要过好。不然就对不起为了守护大家逆流而上的英雄了。我们可能还有一段在线学习时间，如何安排，如何去应对开学后的全区统考，来听听同学们的声音。

**环节三：分享与交流**

（1）韩同学、雷同学先后进行居家学习分享

韩同学主要分享反思：觉得自己执行力不足，有所退步。问问题比较难。

班主任：借这个点，要大家记住目前的艰难，开学以后积极提问，改变当初不喜欢找老师问问题的习惯。

雷同学分享了计划、落实过程、调整、再计划，并给大家鼓劲。直播间同学们反应热烈。（附：雷同学发言稿）

尊敬的各位老师、同学们，大家晚上好！

非常感谢李老师给我这个机会，让我来与大家交流最近的学习心得体会。

最近一直想总结完善一下自己的学习方法，但每次都懒得下笔，认为这是浪费时间，其实这也是懒惰的一种表现。为什么呢？因为自己一直在一种舒适的状态下学习，不愿意做出改变。其实我们应该勇于跳出自己的舒适区。所以要多总结，总结各类题型，总结完善学习方法。要不然，高三了还在用初三的学习方法，不觉得很虚吗？

知易行难，我们可以把自己制订的计划贴在书桌一个比较显眼的位置，方

便时时提醒自己。

下面我就抛砖引玉，分享一下我的一些学习心得体会。发现有什么不妥的地方，希望大家会后与我一起交流，共同进步。

早读：英语方面，我之前喜欢背新概念单词短语，现在也会看笔记，从中摘录单词，因为发现自己考试时有些句型不到位；语文方面主要是背课文及注解，读出声，防止走神。

上课：有时我也喜欢在讨论区当键盘侠，我觉得这样会耗很多精力，内心会很乱，不能专注于老师的讲课内容。对老师提的问题如果有自己的想法，可以写在纸上，注意记笔记，突出重难点。

课间：回忆上课的知识点，实在想不出的再去翻笔记，这样相当于复习了一遍。

晚上：经过白天的学习，晚上体力、精力都会下降，学习时背要挺直，不然容易走神。别让自己太舒服，任何时候都这样。写作业时，尽量自己搞定，但也不宜陷入某道题中无法自拔，敢于暂时搁置对自己来说难度太大的题目，你不能要求自己上一堂课就所有的内容都会了，保证高效。做完作业，复习笔记，整理错题。

周末：学习时文理结合，劳逸结合。写完作业后，务必及时复习错题，整理题型。学完一章后，建议整理单元知识点，尽量做到知识体系化。

我的总结分享就到这里了。今天是我国对抗疫情斗争牺牲的烈士和同胞表达哀悼的日子，我祝愿逝者安息，病患早日康复。希望高一（3）班的同学们在自己最美好的时光，努力拼搏，擎梦想之光，游知识海洋，不负韶光，为自己拼得一个更好的未来，真正成为"时代之王"。

（2）费同学做"居家审美"分享

从书桌到美食，从学习到家务，用图片展示生活中的"小确幸"，让大家在线"流口水"，眼馋嘴馋各种馋（如图8所示）。

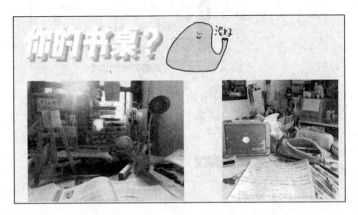

图8

班主任小结：为了今天的分享，同学们都非常认真、真诚地准备。韩同学先进行了自我反思，觉得自己做得不够好，后来她同意分享自己的缺点和困惑，直接把自己做得不好的部分暴露出来，供大家参考讨论，我真的非常感动，也希望大家因为这场真诚的分享有所思、有所得。雷同学的分享，事先还写了满满三页纸，有提纲、有内容，真的是掏心窝地和班上的每个人共同进退（希望以进为主）。费同学的这张照片是来自某一天的"小管家"打卡。当时我看到这张，眼前一亮，真的震撼我了，大家居家，也可以活得精致。美不是给人看的，而是让自己更舒服。把自己收拾整齐，把书桌、卧室收拾整齐，清理出垃圾扔掉，这也是一种让人快乐的生活方式。

**环节四：来自老师的反馈**

班主任利用PPT展示各位任课老师的反馈和问候。看到各位老师的惦念，同学们很开心，也纷纷表达了对各科任老师的想念。

**环节五：主题升华**

虽然知道大家有这样或那样的艰难（如图9所示，学生作业中提交的崩溃表情图），但是老师也不容易（老师在收作业过程中的表情图）。

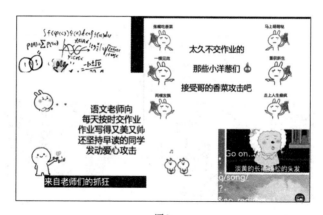

图9

这表情图来自你们的任课老师，听说今天的班会，太想念大家了，就用小号进来看看你们，不知道你们找到老师了吗?

（直播间炸开了）有表达歉意的，有表达想念的……

结语：今天班会已经开很长时间了，最后和大家一起听一首充满青春气息、特别感人的歌，我们就散会了！高一（3）班散会，青春不散场！人贵清明，自省是为了不忘！希望大家调整居家状态，承担起我们的责任！

（有同学喊不要走，大家打开摄像头看看大家。有同学喊，这样的班会多开几次吧。还有同学默默地录下了课堂片段）

## 五、班会反思

班会的设计在学校、年级的方针指导下，结合本班的具体情况开展。允许学生表达内心想法，才能走进学生内心深处。吐槽环节的设计，是基于网课期间，一些学生和家长冲突，暴露出的心理问题，给学生一个发泄的空间，予以心理支持。科任老师的密切配合，将班会推向高潮。有同学提前几个小时进直播间调试设备，有同学默默地录下了班会课的内容，有同学早早上线等待，有同学迟迟不肯离线散场。由此可以看到同学们对属于自己的班会课的期待。

# 我们一起种下心愿，等花开等它实现

深圳高级中学东校区　邓　岚

## 一、班会背景

2020年是不平凡的一年，2020届的高考考生也因此成了不平凡的一届，为了疫情防控，他们在家开始了漫漫的远程学习之路。远程学习给他们带来了新的挑战，为了适应高考的节奏，他们必须尽快适应当前的学习方式，带着激情去迎战高考。传统的高考百日誓师，既是为了高考而宣誓，也是学生的集体成人礼。在疫情防控的特殊时期，举行一场"高考百日誓师大会暨成人礼"能够为备战高考的学子们注入新的力量。

## 二、班会目的

（1）学习疫情期间涌现出来的感人事迹，帮助学生树立远大理想，实现人生价值。

（2）树立高考必胜的信念。

（3）明确成人的意义。

## 三、班会准备

（1）构思班会课的目的与框架，设计"别忘记他们""成人礼""写给一百天后的（22）班"三个板块。

（2）收集疫情防控期间感人事迹素材。

（3）邀请家长为学生写下祝福的话，并准备成人礼。

（4）邀请高一到高三所有老师为学生录制"高考加油"的视频。

（5）准备"写给一百天后的（22）班"的一封信。

（6）整合与衔接。

## 四、班会流程

### 1. 别忘记他们

视频：疫情下的温暖瞬间

分解问题1：疫情防控期间的这些感人故事为何值得我们学习？

分解问题2：什么样的人生有意义？你的人生价值是什么？

**设计目的**：从当前全社会共同面临的危机引入，引导学生思考人生的意义，树立远大的理想，实现人生价值。通过学习平凡人不平凡的事迹，让学生树立爱国奉献和尊重生命的观念。

### 2. 成人礼

父母向孩子们赠送有象征意义的成人礼物，PPT播放全体家长写给孩子们的话。

分解问题3：你认为成年意味着什么？

**设计目的**：让学生思考成年的意义，树立责任意识，明确公民的权利和义务。

### 3. 写给一百天后的（22）班

播放全体任课老师提前录制好的高考百日誓师加油视频，朗读班主任写给全班学生的一封信——《写给一百天后的（22）班》

分解问题4：想象一百天之后的自己应该是什么状态。

分解问题5：最后一百天，你应该做什么？写一封信给一百天后的自己，约定毕业典礼的时候一起来看。

**写给一百天后的（22）班**

嗨，亲爱的同学们，我猜你们今天早上还是6点多就醒了，只不过从今天开始，你们不需要早起匆匆忙忙地赶到教室，也不需要因为迟到被我罚平板支撑，我也不会再站在窗外黑着脸把睡觉的同学抓到走廊上醒瞌睡，晚自习也不会有人伸出手让看小说、听音乐的同学把东西交出来了。我常常想起自己高三的时候，想起我的同学们，想起我们从百日倒数开始就比谁能够第一个到班去翻倒计时牌，想起高考结束后的第一天，我们都打扮得漂漂亮亮地回到学校去邀请老师参加我们的毕业派对。毕业10年后的今天，我们当中的许多人却再也没有见过，所以我希望回到学校后，大家能够再看一眼身边的老师和同学，永远不要忘记在这一段难忘的时间里，我们曾一起走过。

我们班一路走来不容易，我现在还能记起来听说我接手（22）班，不管是老师、领导还是家长，都跟我说，这个班不好管，你要小心一点。我也听说了你们高一时候的各种"英雄事迹"，心里想着，那我倒是要去会一会他们，不行就撤。好在我们合作还算愉快，到现在我还没撤。不可否认，你们身上有一些缺点，很多人平时没少被我批评和惩罚，但是你们身上也有很多优点，所以我们能一起去创造一个又一个属于我们班独特的回忆。体育节、艺术节你们都取得过很好的成绩，还代表学校去参加了市里的比赛，学习成绩也有很大进步，从一开始一本线上线人数为0，到个位数、十位数，再到上次惠二模考试的21人，学校的老师和领导都对你们刮目相看。刚开始的时候我跟你们说过，到现在说起我小学、初中、高中待过的班级都非常自豪。我相信，以后你们提起自己高中的时候，也可以很自豪地说，我是高三（22）班的。

高三这一年你们过得不容易，本来就时间紧、任务重，还碰上了新冠肺炎，不得已只能在家学习。对于自律的同学来说，这成了弯道超车的好机会，而对于不自律的同学而言，也可能就因为这一段时间没有管好自己，便差之毫厘，谬以千里了。一切都会过去的，就像曾经以为离自己很远的高考，现在也已经过去了。不知道现在的你们心情怎么样？我想一定有一些人喜笑颜开，也有一些人只能强颜欢笑，那么你呢？你是什么表情？

最后我想给大家讲一下西南联大的故事。1937年抗日战争全面爆发，北大、清华、南开决定南下西迁，经过一路奔波，最终在昆明成立西南联大。当时他们没有校舍，只能用铁皮搭建临时教室，一下雨上课就听不清，时不时还有敌军轰炸空袭，随时要逃跑保命，空袭过后爬起来照常上课，大家连基本的生命安全都得不到保障。然而，这所存在不过8年的最穷大学，被称为中国教育史上的珠穆朗玛峰，3000多名学生里，有2位诺贝尔奖获得者、4位国家最高科学技术奖得主、8位"两弹一星"功勋奖得主、171位两院院士以及100多位人文大师。欧美教育界称，世界教育中心有三个：美国、英国，还有中国昆明。

今天，我想把西南联大的校训送给大家——"刚毅坚卓"，这4个字伴随西南联大走过了国家和民族生死存亡的紧要关头，也希望这4个字能够伴随你们度过人生中的种种难关。

我希望，我给我的下一届学生说起你们的时候，我会自豪地说，他们是不听话，可是那又怎样呢？他们还是取得了很好的成绩。我期待着你们的好成绩！我们一起拿了那么多次第一，这一次我希望大家能够取得高考的胜利，这是我们要一起去完成的最后一个任务！如果拿不到的话，不好意思，这3个月的假期，我只能罚你们抄单词了。

**设计目的：**老师以视频或信件的形式，给学生送上祝福与勉励，树立百日冲刺的信心。以给自己写一封信的形式制订学习计划，让学生减少焦虑，目标明确，学习高效。

## 五、班会反思

本次活动由当前热点话题引入，从疫情防控中出现的感人事迹出发，带领学生思考了人生的价值和意义，教育学生要树立远大理想，实现人生价值。在成人礼部分，通过成人礼物和父母寄语两个仪式明确了学生的责任意识。再过渡到最后一部分，老师的祝福视频和班主任的信把活动氛围推入高潮，引入当前我们所面临的最重要的考验——高考，引导学生去思考一百天后自己想要怎样的人生，那么最后一百天应该怎么做，并且通过让学生写信这种方式把自己的目标和计划明确下来，有很明显的促进作用。本次活动准备充分，充分调动了各方力量，家长和各科老师都积极配合，来自他们的祝福和鼓励也让学生精神振奋。唯一美中不足的是，老师的祝福部分还是应该加上班主任的镜头，虽然一开始的设计是班主任的祝福通过写信的方式来表达。视频播放过程中出现的一点小问题，也得到及时妥善的处理。

## 六、研讨大家谈

**工作室导师　刘　静**

本班会课运用Globe教育的设计理念进行教学，又融合了常规班会课的设计思路，是非常好的创新与尝试。优化建议：Globe课堂分为教学研究和教学设计两部分，对于不了解Globe教育理念的老师，看到这个班会课的教学设计会有逻辑上的质疑，建议将问题设计的层次稍加说明。同时，问题的设计需更具体、更具有操作性一些，可以融入心理学、社会学等多学科知识引导学生理解成年后的使命、价值。

**工作室主持人　顺　哥**

学生德育活动中的仪式感教育非常重要，它能给学生以强烈的心理暗示，激发学生的内驱力，从而在行为上有所表现。成人是学生成长过程中一个非常重要的节点，这不仅仅是因为他们即将面临高考，更重要的是他们即将成年，独立面对社会，从此要学会承担、学会感恩、学会奉献。作为传统文化，我国古代就有非常隆重的成人礼仪式，男子成年礼为冠礼，女子则为笄礼。邓岚老师的这节班会课，以问题导学开始，落实本节课的教学目标，这对一节班会课来说，是非常好的创新设计。将疫情中的感人瞬间呈现给学生，让学生感悟人生的价值与意义。任课老师通过录制视频为学生送上祝福，家长不仅给孩子赠送成人礼物，还给孩子以书信的形式表达祝福，这些都是饱满的仪式感。邓岚老师更是亲自给班级同学写了一封感人至深的信，将班会课推向高潮，我想这也是整节班会课最感人的瞬间。最后，让学生写一封信给一百天后的自己，这也是一个很创新的设计，借此机会，让学生能清醒地认识到成人之后自己要首先面对的人生挑战，达到激励学生冲刺高考的目的。优化建议：①本节班会课的仪式还可以再丰富一些，例如让班级全体学生进行成人宣誓，向父母和任课老师行感恩礼等；②成人的意义还应该在感恩、责任和奉献等方面加以强调。在环节一的视频播放后，就可以引出感恩教育的内容——感恩父母，感恩老师，感恩同学，感恩那些为我们的幸福生活遮风挡雨的陌生人！成人就意味着承担，从此刻开始，同学们要承担起对自己、对家庭、对国家的责任，用自己的行动和奉献去感恩。

**工作室成员　刘　丹**

对正值高三18岁的青年学生来说，成人礼主题班会课是给学生注入能量，站脚助威的重要仪式。本节班会以人生价值、成年意义和一百天后你希望的状态作为三个核心问题，步步为营，从哲学问题到个人人生问题再到高考状态，立意高远又落地生根，颇具现实意义。活动步骤目的明确，第一步以抗疫故事作为材料，引导学生思考人生价值，树立远大的正确的价值观。第二步通过家长向孩子赠送成人礼物，表达家长、老师的殷切希望，同时又拉近亲子关系，暖意浓浓。第三步以学生给自己写信的方式，引导学生明确自己的学习目标，发挥主观能动性勉励自己。总的来说，邓岚老师的三项活动环环紧扣，步步深入，而且形式多样，有抗疫的视频、父母的视频和老师的视频，充分调动学生、家长和老师共同参与。这是一堂立意深远、内容丰富且形式多样的精彩的主题班会课。

**工作室成员　李佳莹**

本次德育活动的设计围绕核心素养——价值观（勇于担当社会责任，律己有为）、科学的思维方式（问题递进：从现象到人生目标再到人生重要转折点的规划逐步深入）、品格（一百天的行为表现）；誓师大会暨成人礼环节紧凑；恰当利用眼下、身边的例子创设情境；家长密切参与，有仪式感。非常值得学习。另外，我想在一些问题的设置上换一种问法，比如把"疫情期间这些感人故事为何值得我们学习"替换为"疫情期间的这些故事，有哪些触动你的地方"，是不是更容易共情？由感性再深入理性，更容易得到一些深入学生内心世界的答案。

**工作室成员　张培兰**

本次班会课最闪亮之处，就是充分调动学生以及学生所熟悉的人物一起参与其中。整个活动，班主任是引导者，学生是参与者，充分调动学生的主观能动性，真正意义上体现"以生为本"。活动形式丰富多彩，疫情下的感人瞬间，引出价值观的问题，引导学生去寻找他们的人生价值，由此过渡到成人礼。成人礼时父母参与其中，感情得到升华，加上老师们的百日誓师加油视频，整体达到高潮，让人意犹未尽。值得学习。

# 开学在即，家长眼中的"神兽"，
# 你们准备好了吗？

深圳高级中学东校区　李雷雷

受疫情影响，为确保广大师生生命安全、身体健康，全国各地大中小学、幼儿园等延迟开学。在党和政府的领导下，各族人民团结一致、众志成城，最终必将战胜疾病，抗疫成功。教育部近期对开学做出了一个原则性要求，需要符合三个条件再考虑开学：一是疫情基本得到控制。所谓基本得到控制，是由国家来判定的，具体可能要精准到县一级的疫情防控情况。二是社会、家长都认为或者绝大多数同意现在开学是安全的。三是开学以后必要的防控物资和条件都是到位的。近日，多地部署错峰开学，逐渐恢复正常的教学秩序。等到疫情结束即将迎来顺利开学，作为学生，我们应该如何建构自己的"心理防护墙"，以最佳的状态迎接疫情结束后的开学呢？

## 一、调整好心理状态

疫情肆虐期间，我们经历了紧张、焦虑、恐惧、愤怒等；得知开学时间一再延期，广大学子尤其是高三学生学习的步伐突然被打乱，难免会感觉到迷茫、无助、焦虑和担忧；居家上课期间，每天与父母朝夕相处，缺乏同伴朋友的陪伴，有时候因为一些小事情与父母产生冲突，会感觉到伤心和委屈。当觉察到自己有消极情绪时，我们可以做些什么呢？

### 1. 接纳消极情绪（见图10）

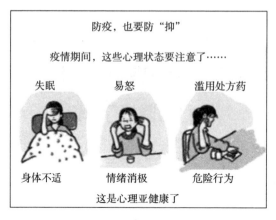

图10

  只要是正常人，就一定会有消极情绪。有消极情绪是正常的，不要抗拒，要接纳自己的消极情绪。看到与疫情有关的新闻、听到与疫情有关的消息，我们会恐惧害怕，这是正常的；学习的步伐突然被打乱，我们会有些迷茫和担忧，这是正常的；与父母争执过后，我们一方面伤心难受，另一方面又后悔自责，这也是正常的。我们要学会去接纳这些消极情绪。如果我们不接纳，压制消极情绪会让情绪更糟糕，这就是为什么很多时候只是一件小事，我们却越闹越大，因为消极情绪会让我们变得更消极。而当我们接纳的时候就会平静下来，之后做出的反应才会更加理性。

### 2. 合理认知（见图11）

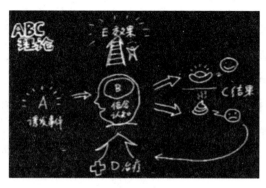

图11

情绪ABC理论告诉我们，影响我们情绪和行为结果（consequence）的不是诱发事件（antecedent）本身，而是我们对事件的看法和信念（belief），同一件事情可能因为看法不一样而带来不一样的情绪感受和行为结果。面对同样的疫情，看同样的新闻，为什么就会有些人更紧张，有些人会平静很多？遇到的事件本身并不会让我们焦虑，我们认为这件事不好才让我们产生了焦虑。比如说，面对开学延期，如果我们只看到不能正常在教室里学习新知识的一面，就会被无助和焦虑情绪占满；但如果同时想到，刚好利用这段时间，做好学情分析，制订学习计划，做好规划，总结成功的经验，反思以前学习中的不足，锻炼自控能力和自我规划能力，就会冷静一些。而当我们冷静下来思考的时候，反而会做出更有效、更有益的决定。因此，学会合理认知，从积极的角度看问题是调节情绪最有效的方法。

### 3. 适当宣泄（见图12）

图12

研究表明，适当宣泄能够舒缓消极情绪，促进人的身心健康。同学们可以用以下方式进行适当的压力宣泄：①倾诉与沟通。防疫期间，尽管不能走亲访友，但这并不妨碍人们通过微信、电话等手段交流彼此的想法和情绪。这是一个特殊时期，亲友间互相倾诉，表达共情，以获得鼓励和支持，对每个人来说都是一种积极的力量。我们如果感觉无法进入学习状态，不妨暂时停止复习，和家人说说自己的困惑，和朋友聊聊天。倾诉和沟通的过程就是治愈的过程，家人和朋友给予我们的理解与鼓励，会变成我们克服困难、勇敢前进的动力。②听音乐。音乐可以抚慰心灵的创伤，改变人的心境。情绪低落的时候听轻松愉快的音乐，烦闷的时候听一些轻音乐让自己平静下来，伤心的时候不要听悲伤的音乐。③哭泣。在一些传统观念如男儿有泪不轻弹、不要轻易掉眼泪的影响下，当下很多人觉得哭是一件非常不好的事情，甚至在极度悲伤的时候也强忍着泪水压抑自己不让自己哭泣，这样对我们的身心都是有伤害的。世界各国女性的平均寿命高于男性，其中一个重要的原因就是女性比男性更善于宣泄不良情绪。

**4.转移注意力（见图13）**

图13

我们可以有意识地做一些能给自己带来积极情绪的事。比如，暂时放下不会解的题去画一幅画，停止跟父母的争吵去跟许久没见的好友打电话聊聊天，去收拾收拾房间，去做做手工，等等，要有意识地、主动地用这些行为带自己走出负面情绪。

## 二、合理规划学习

高中阶段的学习具有任务重、时间短的特点。而现在的部分高中生缺乏自我规划意识，自控力有待提高，往日都是在老师的安排下按部就班地学习新知识，完成老师布置的作业，通过考试检验学习效果，在老师和同学们的帮助下答疑解惑。受这次疫情的影响，学校延迟开学，学习的步伐突然被打乱，很多学生或许会感到有些迷茫和担忧。虽然各个学校积极响应"停课不停学"的号召，组织"线上教学"活动，然而，"在家上课"意味着学生必须在相对放松、缺乏监管的环境中进行有规律的学习，这对于学校、家长和学生而言，都是不小的挑战。我们又该如何保持良好的心态投入学习呢？

**1. 正常作息**

坚持正常作息，饮食规律，科学安排自己的学习、生活和休闲时间，适度运动、听音乐、阅读等，保持正常的生活节奏。

**2. 制订计划**

中学阶段需要掌握的知识点繁多，想要扎扎实实地学好知识，有序开展预习和复习对于每一位高中学子都至关重要。我们可以先综合思考这段时间在学习方面要做哪些事情，比如，弱势学科的查漏补缺、错题整理、课外阅读、兴趣爱好拓展、学习能力提升等，再考虑这些事情哪些对你来说很重要，哪些是必须要做的，哪些是你喜欢做的，将其一一列出来进行排序，然后根据自己的实际情况确定好学习的目标、内容和时间安排。注意，我们所制定的目标要明确具体，是通过你的努力可以实现的，而且要标出明确的时间节点。这样，我们就可以按照自己的具体安排去执行，每天晚上睡觉前可以拿出自己的计划表看看完成得怎么样，及时对自己进行评价，督促自己朝着既定的学习目标稳步前进。

**3. 非正式学习**

（1）适应"空中课堂"这种新的学习形式

认真听好每一堂课，做好在线交流、答疑解惑、完成作业等每一个环节。记住心理学家艾宾浩斯的遗忘曲线：遗忘趋势——先快后慢，先多后少（如图14所示）。及时复习，减少遗忘。

（2）充分利用丰富的线上学习资源

根据自己的学习情况，有针对性地选择网上课程（录播、直播课程等）和学习软件来帮助自己梳理与补充相关知识。

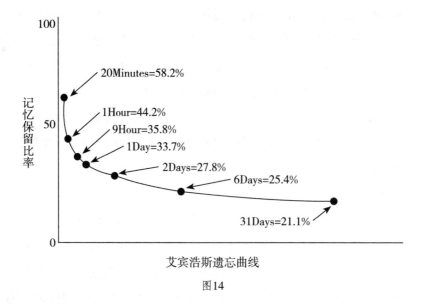

艾宾浩斯遗忘曲线

图14

## 4. 中等动机

根据耶克斯-多德森定律，学习动机与学习效率的关系呈倒"U"形曲线。因此，保持中等程度的动机水平才更有利于学习效率的提高（如图15所示）。

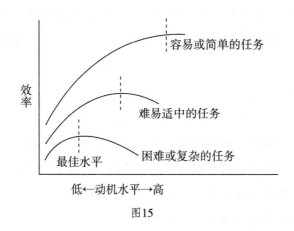

图15

## 5. 执行计划

按照前述学习规划有序地开展学习，自制力较弱的学生可以请父母监督自己，逐一落实。

## 三、坚持运动增强免疫力（见图16）

吸气　　　　吐气

图16

　　运动尤其是有氧运动，不仅能促进人的身体健康，提高人的免疫力，还能产生一系列短期及长期的心理效应，对降低焦虑水平、改善情绪状态、减轻应激反应、消除疲劳等都有重要作用。比较简单的放松方法有腹式呼吸法、渐进式肌肉放松法、蝴蝶拍等。

## 四、学会求助（见表3）

表3

| 机构 | 联系方式 | 服务时间 |
|---|---|---|
| 深圳市心理援助热线 | 0755-25629459 | 周一至周日，24小时 |
| 福田区 | 0755-83422376，13823260965 | 工作日8：00—23：00 |
| 罗湖区 | 0755-82451199 | 周一至周日，24小时 |
| 盐田区 | 0755-25251911 | 工作日9：00—18：00 |
| 南山区 | 4008308525 | 工作日8：00—17：00 |
| 宝安区 | 0755-29916168 | 工作日8：30—12：00，14：00—17：30 |
| 龙岗区 | 0755-28924061 | 工作日8：00—12：00，14：30—17：30 |
| 龙华区 | 4001890885 | 周一至周日，24小时 |

续 表

| 机构 | 联系方式 | 服务时间 |
|---|---|---|
| 坪山区 | 18124506995 | 周一至周日，24小时 |
| 光明区 | 0755-23425044 | 工作日8：30—12：00，14：00—17：30 |
| 大鹏新区 | 0755-84205422 | 工作日9：00—12：00，14：00—17：30 |
| 深汕特别合作区 | 0755-25629459 | 周一至周日，24小时 |

通过以上方式，如果你发现还是很难调整好状态，建议及时寻求学校心理教师的帮助或拨打心理热线，使自己获得成长的力量。我们终将抗疫成功，我们终将成为更好的自己，武汉加油，中国加油！

# 美育： 心生美即良善

## "学会发现美"主题班会

深圳中学　桂之顼

### 一、班会背景

学生通过中考选拔进入高中，每个人对于高中学习生活的适应能力不同，一段时间之后，自己在班级或学校的定位会和初中时有很大差异。这种落差可能会对学生的心理造成一定的影响，使其陷入单一的评价标准以及自我否定中。这时，学生常常会执迷于过去体验中不美好的部分。其实，生活的美好可以来自自己、来自同伴、来自团队、来自日常点滴……带领学生认识美、感受美、创造美，多元化学生心中的评价标准，有助于他们接受不那么完美的自己，更加自信地面对生活。

### 二、班会目的

（1）学会欣赏他人，向同伴学习，促进班级和谐。

（2）正确评价自己，认识到自己的优缺点，接受不完美的自己。

（3）感受身边的美，培养学生认识美、欣赏美和创造美的能力。

## 三、班会过程

**第一环节：三人同行，必有我师**

每人准备一张纸，从班级选择三名最欣赏的同学，写出欣赏他/她的三个理由，并且让愿意分享的同学分享他们都写了哪些理由。通过这样的方式让学生发现让人欣赏的优点不仅是学习成绩好，也包括学习态度、个人品质、为人处世方式等。

**第二环节：认识自我，多元评价**

在上一个环节的基础上，让学生从不同角度审视自己，完成表4。愿意的学生可以将对自己的认识和遇到的问题说出，放至全班，了解同学们对他的看法，同时集思广益，为他/她提出解决问题的建议。学生可能会发现自己眼中很优秀的同学也有缺点和困惑的问题，也可能会发现其他同学和自己有共性问题，从而更好地认识自己，接受不完美的自己。

表4

| 我的优点 | 我的不足 | 我现在最困惑的问题 |
|---|---|---|
|  |  |  |
|  |  |  |
|  |  |  |

课后，教师可以根据学生所写，深入了解不愿当众分享的学生，需要时提供个性化的帮助。

**第三环节：心有猛虎，细嗅蔷薇**

举行"发现生活中的美"摄影大赛，要求给作品命名，并配上一段说明文字，体现作者想要展现的美。课前进行作品收集，课上全班分享，投票评选优秀作品。

讨论总结：

（1）优秀作品当选的理由是什么？

（2）什么是你眼中的美？（包括美好的事物和美好的品质，如尊重、责任、自信、拼搏、毅力、陪伴、传承……）

（3）结合时事讨论生活中的美以及如何创造美，如疫情之下的医务工作者、志愿者等。希望学生在忙碌的高中生活中，别忘了欣赏沿途的风景，感受生活中的美，也要认识到自己的价值，认识到自己本身也是美的创造者。

## 四、班会延伸

将学生写下的最欣赏的学生整理成榜样进行表彰，在此后的班会课和考试表彰一同颁奖，让学生切身感受到自己被认可，感受到评价的多元化（见图17）。

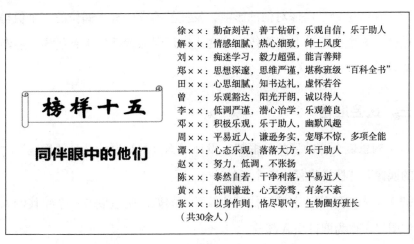

徐××：勤奋刻苦，善于钻研，乐观自信，乐于助人
解××：情感细腻，热心细致，绅士风度
刘××：痴迷学习，毅力超强，能言善辩
郑××：思想深邃，思维严谨，堪称班级"百科全书"
田××：心思细腻，知书达礼，虚怀若谷
曾　×：乐观豁达，阳光开朗，诚以待人
李××：低调严谨，潜心治学，乐观善良
邓××：积极乐观，乐于助人，幽默风趣
周××：平易近人，谦逊务实，宠辱不惊，多项全能
谭××：心态乐观，落落大方，乐于助人
赵××：努力，低调，不张扬
陈××：泰然自若，干净利落，平易近人
黄××：低调谦逊，心无旁骛，有条不紊
张××：以身作则，恪尽职守，生物圈好班长
（共30余人）

图17

# "偶像'练习生'"主题班会

深圳高级中学东校区　张培兰

## 一、班会背景

疫情下涌现出一批民族英雄，然而很多学生并不"感冒"，他们更在意的可能是自己的"爱豆"的"花边新闻"。偶像通常会成为榜样，而榜样的思

想、"三观"及行为会对个人产生巨大影响。因此有必要对学生进行合理的引导，将偶像崇拜转化为榜样崇拜。

## 二、班会目的

（1）通过解读"偶像"二字，让学生理解"偶像"的含义。

（2）通过让学生认真思考自己对偶像的认识，分析自己是偶像崇拜还是榜样崇拜。

（3）让学生分享偶像对他的影响，发便签给学生写下偶像的三个值得学习的优点，让学生在行动上把偶像崇拜变成崇拜偶像背后的优秀品质，逐渐淡化个人符号。

## 三、班会准备

（1）构思班会课的目的与框架，设计"你真的知道什么是偶像吗""谈一谈你的偶像""榜样崇拜"三个板块。

（2）事先向部分学生了解他们比较喜欢的偶像明星以及各个年代的人喜欢的偶像明星，作为课件引入部分。

（3）准备合适的、足够的便利贴。

（4）整合与衔接。

## 四、班会设计

**1. 需要解决的核心问题**

（1）什么是偶像？

（2）怎样的人可以成为我们的偶像？

（3）我们的偶像应该是什么样的？

**2. 分解问题**

（1）如何理解偶像？

（2）你的偶像是谁？

（3）你为何选择他们做你的偶像？

（4）你的偶像对你有什么影响？

（5）我们的偶像应该是什么样的？

# 五、班会过程

### 第一环节：你真的知道什么是偶像吗

**1. 问题引领**

课件播放当代青少年比较喜欢的娱乐明星、网红、球星等的照片，让学生说出这些明星的名字，表明目前青少年学生的偶像现状：看颜值，爱换偶像。并对比70后、80后、90后喜欢的偶像代表，直入主题，请学生讨论并回答：你真的知道什么是偶像吗？

解决分解问题（1）：如何理解偶像？

**2. 相关资料**

偶像的现代含义，是指被追捧的艺术家、作家、娱乐圈艺人等在某些方面有一技之长的人。偶像即仰慕的对象，是被追求、被崇拜的对象。

对于学生而言，偶像普遍是指青春偶像，狭义上认为，青春偶像是以青少年为主要受众的从事演艺活动的人群，但在广义的范围内，带来影响的青春偶像是所有青少年崇拜的人物。

**3. 达成目标**

通过解读"偶像"二字，让学生理解偶像的含义。偶像不应该只是因为颜值而一时喜欢某个明星，应当是喜欢某个人身上的某种优秀品质，把那个人作为自己的崇拜对象，向对方学习。

### 第二环节：谈一谈你的偶像

**1. 问题引领**

可以让学生写小纸条，写自己喜欢的偶像以及喜欢偶像的原因。班主任收集起来，针对性地选择代表，分享他与偶像的故事。

解决分解问题（2）：你的偶像是谁？

解决分解问题（3）：你为何选择他们做你的偶像？

**2. 达成目标**

让学生认真思考自己对偶像的认识，是出于单纯地对偶像的颜值欣赏，还是喜欢偶像更深层次的内部的一些内容，比如喜欢偶像的品质和性格等，为第三环节做准备。

**第三环节：榜样崇拜**

**1. 问题引领**

根据小纸条的内容，有针对性地选择一些同学分享偶像对他们学习和生活上的影响，就此激发学生讨论：作为偶像，要具备什么样的特征？也就是说，什么样的人可以成为我们的偶像？发便利贴给学生写下偶像拥有的三个值得学习的优秀品质，贴在桌子上激励自己。

解决分解问题（4）：你的偶像对你有什么影响？

解决分解问题（5）：我们的偶像应该是什么样的？

**2. 达成目标**

学生分享偶像对他的影响，可能有积极的一面，也可能有消极的一面，甚至可能没有影响，只是单纯地欣赏。通过分析，让学生理解到，只有对个人有积极向上作用的人，才值得做我们的偶像。即使是流量明星，也可以做我们的偶像，只要他具有某种优秀品质。通过发便利贴给学生写下偶像的三个值得学习的优点，引导学生将盲目的偶像崇拜转化为对其优秀品质的榜样崇拜，逐渐淡化个人符号，激励自己变得更优秀。

## 六、班会反思

（1）偶像主题的班会课比较多，也是学生比较感兴趣的话题，尤其是女生。女生喜欢的偶像种类很多，班主任如果要与学生拉近距离，把班会课上得深入人心，就要事先了解学生喜欢的明星。

（2）上课注意不能完全批判流量明星，明星也有优秀的品质，全盘否定会引起学生反感。

# 有关"攀比"的主题班会

深圳中学　杨忠顺

## 一、班会背景

近期班里学生人情消费弥漫，礼尚往来渐成时尚，学生乐此不疲。由于攀比心理，大家彼此送的礼物价格越来越高，排场越来越大，还逐渐形成了一种观念，认为礼物的贵重与否标志着朋友关系的亲疏。请你针对这一现象，设计主题班会或班集体活动。

## 二、班会背景

（1）当前，中国社会处于复杂的转型期，立德树人和社会主义核心价值体系建设面临巨大的考验。深圳作为中国特色社会主义先行示范区，很多高中生家庭经济条件良好，不少父母以"爱"的名义对子女有求必应，为孩子购买大量高档的数码产品、名牌服装、高档化妆品等。

（2）我校学生在从众心理、攀比心理和享乐心理的驱使下，过度消费、超前消费的问题日益凸显，消费教育滞后。

（3）学生缺乏理财意识，亟待树立正确的金钱观。

## 三、班会目标

（1）提倡精神上的积极攀比，抵制物质上的不良攀比。

（2）了解健康、文明、勤俭节约的消费理念和消费方式。

（3）学会正确交友，增强真善美的意识，树立正确的价值观。

## 四、班会准备

（1）发放调查问卷。

（2）播放"校园职业风采"DV大赛视频。

（3）利用周末回家与父母角色交换，"让我做一天你"。

（4）班级座位摆放。

（5）主持人培训。

## 五、班会过程

**第一环节：以行促情——生活导入**

在本环节中，教师针对学生课前完成的调查问卷，从学生平时喜欢攀比的项目、攀比心理的不同程度以及家庭情况等方面，让学生无领导论谈，看看作为当代的高中生、未来的职业人，我们今天应该比什么。

**教师小结：**当今社会，机遇与挑战并存，亟须身心健康、工作敬业、诚信的职业人，我们应该用知识充实自己，用技能武装自己。我们更多的应该是自我追求和精神上的积极攀比。

**第二环节：以情促趣——真情引领**

播放"校园职业风采"DV大赛视频，通过"老师的一天""厨工师傅的一天"等视频片段，让学生感知，之所以能安心地坐在窗明几净的教室学习，正是因为有这些人为我们默默付出。

请学生互相分享"让我做一天你"活动的体会，感受父母养育的不易，金钱的来之不易。

**教师小结：**我们应多体谅父母，不要造成他们经济上的负担。对超前消费、过度消费坚定地说"不"。

**第三环节：以理促情——唤醒潜能**

请互相分享"理财小妙招""环保小创意"，并针对"不做月光族"的主题立下公约，张贴在班级墙壁上。

**班主任总结：**同学们，让我们携手努力，远离攀比之风，将更多的精力用于强化技能、完善自我，为今后的职业生涯夯实基础。在积极的攀比中认识自我、认知他人，表现自我、超越自我。

**第四环节：课后延展**

**1. 家校合力**

通过校讯通给家长发送教育信息，让家长意识到不良攀比之风的危害性，呼吁家长不要助长和迁就孩子的拜金主义。

**2. 微信助力**

请学生将自己的理财小成果、环保小创意图文并茂地发在朋友圈里，通过朋友们点赞、转发的力量，影响更多的人。让学生感受到关爱他人的快乐、帮助他人的快乐、传递正能量的快乐。

# 做一名理财小达人

深圳中学　杨忠顺

## 一、班会背景

随着经济发展和生活水平的提高，学生有什么需要就向大人伸手要，家长宁可自己省吃俭用也对孩子有求必应，放任孩子消费，造成孩子合理消费观念淡薄，不懂得节约，甚至有攀比现象。家庭和学校也缺乏对学生的财商教育。为此我设计了一节"做一名理财小达人"的主题班会（如图18所示）。

图18

## 二、班会目标

引导学生树立正确的消费观念，倡导勤俭节约，初步建立理财意识。

## 三、班会准备

理财游戏、理财故事，开展问卷调查：听取学生和家长关于压岁钱（零用钱）保管和使用的看法。邀请家长代表参加（含在银行工作的家长）。

制作"梦想计划表"，并邀请家长委员会成员参加。让学生录制微视频，采访学生的零用钱或压岁钱金额及用处。

## 四、班会过程

导入：同学们的钱包都鼓了吧？都收了多少压岁钱？

**第一环节：懂——正确认识（小小调查，引入消费话题）**

根据问卷调查或微视频，展示学生的红包数额及用处，让学生正确认识压岁钱的意义。

总结：红包里装的不仅仅是压岁钱，更深藏着父母、亲人的爱和祝福，无论多少都值得珍惜，攀比心理是不可取的。

**第二环节：要——取之有道**

压岁钱该怎么花？家长担心什么？请家长分享帮助孩子保管压岁钱的初衷。

如何让家长放心？让学生和家长充分讨论沟通，有学生提议：我们可以写一份"压岁钱使用说明"。学生纷纷动笔写下压岁钱使用说明，请其中一个学生来分享。

学生开心，家长满意，相互信任。

**第三环节：用——授之以渔**

分享腾讯校友张志东的感人故事，倡导勤俭节约。

理财游戏：填写梦想计划清单。写出一年内想要实现的梦想和所需的金额，按照想要实现的时间进行排序。

填写完成，发现压岁钱远远不够。老师引导：如果愿望没有节制，再多的钱也是不够用的。把你的愿望按照需要和想要分类，先满足需要，再满足想要。

学生艰难删除想要的项目，填写完成梦想计划表，请一个学生分享。

**设计意图**：告诉学生如何用，愿望不能无节制。

**第四环节：理——打败CPI**

教师展示：关于"黄金被偷走"财商故事。故事中长者：如果金银财宝没有使用，就跟涂成黄金样子的大石头没啥两样。既要懂得"节流"，也要懂得"开源"。

请理财专家进行专业指导，给学生作20分钟的理财知识讲座，内容涵盖如何做家庭预算、预留紧急备用金、养成记账好习惯及借贷、炒股、投保、收藏等投资基本概念。最后建议学生把多余的压岁钱委托给家长代为投资，使自己的资产加速增值。

**总结**：金钱能买来钟表，却买不到时间；能买来书籍，却买不到知识；能买来笑脸，却买不到快乐；能买来灵药，却买不到健康；能买来婚姻，却买不到幸福。愿大家能够正确看待金钱，理智对待人生，珍惜当下身边的幸福。

## 五、班会延伸

（1）把学生的压岁钱使用说明和梦想计划清单复印两份，一份由家长保管，一份由班主任备份。

（2）联系家长，分别在一个月后、三个月后、一年后跟进学生的理财情况，并在年终评选"理财之星"。

# 相信爱的年纪

## ——"有关男女交往"主题班会教学案例

深圳龙华高级中学　李佳莹

## 一、班会背景

据同学反映：有高年级的男生对我班女生表达爱慕之情，并经常以学生会检查为由，到本班闲逛。

作为班主任，了解情况得知：本班相关女生最近受到困扰较大，认为对方是学霸，于是不时接受对方帮助，甚至有时在公众场合有暧昧的举动。

由于社会文化方面的性禁锢、性放纵等因素影响，也由于青少年自身人格不成熟、自控能力差等方面的原因，他们在成长过程中常常会出现性生理、性心理方面的问题和偏差。为了帮助学生树立良好的人际交往观，更好地把握自己的高中生活，特召开此次班会。

## 二、班会目的

（1）学生在分享中肯定自我成长，更好地接纳个人青春期的心理变化。

（2）学生在活动中确立高中阶段的奋斗方向，树立阶段性小目标。

（3）通过学生彼此敞开心扉，建立积极健康的人际交往关系。

（4）在自评互评中，对高中生行为规范达成共识。

## 三、班会准备

（1）调查统计学生看过的有关爱情的电影和书籍，选出《初恋这件小事》电影，并截取小视频。

（2）选择合适的配乐，如《尚好的青春》、《愿得一人心》、《你的背包》、*If I Were a Boy*。

（3）舒婷的诗《致橡树》。

（4）情景表演剧情准备。

## 四、班会过程

### 第一环节：艺术欣赏

播放《初恋这件小事》电影片段，引出话题，展示学生所喜欢的电影人物。

**设计意图：** 从审美角度切入，激发学生参与的热情。

### 第二环节：随机谈话

你所喜欢的剧中人物是谁？原因是什么？

教师用随机点名软件，音乐停点到同学分享。

若对这部剧不熟，可以谈谈另外的剧中人。

学生分享的剧情及部分金句列举："为了喜欢的人而努力让自己优秀是智慧的。""不是你的，不必去强求，是你的，谁也拿不走。""旧时光终究会老去，总有人在不远的前方等你。""女人的友情有时候很脆弱，有时候又很坚固，总之她是煽情的。"

**设计意图：** 学生在分享中参与主题，逐渐融入教学情境，从感性认知到理性思考。

### 第三环节：情景辨析

学生表演情景剧，就某些中学生的恋爱行为，大家发表看法。

**情景1：遭遇骚扰、过分的肢体接触**

学生讨论，得出观点：中学生应该遵守中学生行为规范，对性骚扰、性侵犯勇敢说"不"。正确认识性行为，关爱自己，保护好自己。

**情景2：沉迷感情，无可自拔；茶饭不香，不思进取**

学生探讨结论：或许你也像小水一样，将喜欢压在心底，所有的认真与努力，只不过是为了向阿亮学长证明，喜欢一个人的心可以支撑她在索然寡味的道路上走得很远。

参考电影《初恋这件小事》，无论你现在有喜欢的人与否，都请努力学习，因为只有努力了，变优秀了，完成自己最基本的学习任务，才有资格去说喜欢。

**设计意图：**引导学生理性思考，进一步结合实际情况，深入判断辨析。

**第四环节：观念升华**

班上一名同学朗诵舒婷的诗《致橡树》。

教师分享爱情观：美好的爱情，如同橡树和木棉，同作为树的形象，独立相依、平等互重。

**设计意图：**让美好的诗词再一次刺激学生的感官，达到感性和理性的统一。

**第五环节：教师寄语**

**1. 请大家认同变化的自己**

随着年龄的增长，我们有和以前不一样的人际交往的需求，渴望被认同、被了解，对认同我们的同性、异性有知遇的快乐，这是人之常情。这也是每个人内心深处难得的一片净土，值得珍惜。（同理心，与学生产生共鸣）

**2. 请大家守护现在的自己**

成长是指身心共同成长。在成长的路上有得有失，包括情感。大家可以结合一些生物学知识，了解自己在这个阶段的身体变化，养成好的卫生习惯，注意保护自己的身体不被侵犯。

**3. 请大家善待将来的自己**

可以逐渐形成并不断完善自己的爱情观。我认为，好的男女之情如同《致橡树》诗中所言——独立并行、互相尊重。可以并肩前行，也共守契约关系。这便是爱情中的理想境界——灵魂伴侣。对方尊重、珍惜现阶段的你，如果是高中阶段，对方会尊重你的学生身份，不会让你做出不符合学生身份的行为举止。我们需要懂得把握距离，若能把握好关系，就意味着你成长成熟了。

**4. 希望大家都有自己的兴趣爱好**

高中毕业之时，大家都面临专业选择，很多同学茫然不知道怎么选。我希望大家能有自己喜欢的事，并能为之坚持投入，从中获得更多的乐趣。当你专注你喜欢的学业中，会更加耐得住寂寞，更懂得享受孤独。

**5. 希望大家都有自己的生活圈子**

大家都有爱自己的父母、老师，还有我们共同的"家"——我们班。遇到困惑，你可以讲给父母听、师长听，我们都乐意和你们分享人生心得（谈不上经验吧）。也希望在我们这个班集体，你能收获几个值得信赖、愿意彼此分享的好朋友。

## 五、班会延伸

学生就今天的班会，在周记中记录自己的思考。

有同学这样写："多年以后，我们的生活还是在继续，遇见新的人、新的事，好的坏的，深的浅的。那时会觉得年轻时候的自己傻傻的，无论是那些深或浅的情愫，还是那些好或坏的傻事。然后庆幸，回忆里有过这样的人存在，就像欣赏一张旧照片那样去看着从前的自己。处于低谷时仍嘴角上扬，光鲜时不张扬。"

## 六、班会反思

本次班会选题是为了解决实际问题，选择素材围绕学生感兴趣的内容，能有效调动学生的参与热情，更好引起学生共鸣。课后布置的周记，对未尽事宜进行了延伸和补充。教师以真情和学生交心，容易得到学生认可。需要注意的是，本堂课的开展是针对当届学生，对不同届的学生，素材要及时更新，紧跟时代步伐。要调动学生参与积极性，最初需站在学生的角度，获得学生心理上的认同。忌说教，忌绝对禁止。

**参考文献**

张大均.教育心理学［M］.北京：人民教育出版社，2004：358.

# 正确对待青春期的男女交往

深圳坪山高级中学　王　檬

## 一、班会背景

在社会生活中，我们每个人都不可能孤立地存在，必须与他人交往。交往在人生的各个阶段都是必要的。学会交往，广交朋友，能够使我们实现心灵的沟通，找到感情的寄托，更可以摆脱孤寂，保持心情愉快。

身处青少年时期，高中生的生理、心理发生急剧变化，他们渴望与人交往和获得别人的理解。这时候，早恋成为一个无法回避的话题。

本次班会旨在让学生对异性交往有一个正确的认识，树立健康的异性交往观念，形成正确的异性交往态度，了解异性交往中应该注意的一些准则，做到与异性朋友较好地相处。

## 二、班会目的

通过问答打开学生心扉，了解学生对青春期微妙变化的认识，并鼓励学生在青春期适当地和异性交往。

通过案例讨论告诉学生早恋的危害，如何跳出青春的烦恼，正确地与异性交往，建立纯洁的同学之情，从而引导学生交往中应该注意的形象、言语、行为等礼仪，促使男女同学进行健康、适度的交往。

引导学生树立健康良好的情感观和道德观，并学会珍惜青春，让人生无悔。

## 三、班会准备

**1. 明确主题**

了解现在学生男女关系的状态，引导学生树立的男女交往观念。

**2. 构思架构**

设计班会的框架，层层深入，直面主题。

**3. 收集素材**

根据青少年现阶段的生理和心时特点，引入一些他们同龄的电视剧、电影或者一些现实案例来展开描述。

## 四、班会过程

**第一环节：我们的青春故事——微妙的变化**

播放电影《我的少女时代》片段，引入今天的话题：青春期的你，或许会对异性的情感产生微妙的变化，你是怎样看待这种变化的呢？

**设计意图：**从学生感兴趣的电影题材出发，引入今天的班会主题。通过讨论，活跃班级气氛，提高学生话题的参与度。

**第二环节：我们的青春故事——男女交往**

小组问题讨论：男女同学交往是青春期不可避免的，所以同学们也不需要排斥异性相处。正常的异性交往当中，我们会有如下收获（如图19所示）。

（1）智力上互偿
●女生往往擅长具体形象思维，男生往往擅长抽象逻辑思维。
●男生在解题的灵活性上占上风，女生在立意的新奇和结构上更胜一筹。

（2）情感上互慰
●女生情感比较细腻温和，富有同情心；男生情感粗犷热烈，容易外露。
●女生向男生诉说自己的疑惑和愁苦，男生向女生吐露自己的不幸和难堪。

（3）个性上互补
●男生多开朗、勇敢刚强、果断机智、不计较得失、平常好动好问。
●女生多文静、优柔寡断、易自卑、心胸比较狭窄、情感比较脆弱。

（4）活动中相激
●"异性效应"指有两性共同参加的活动，较之只有同性参加的活动，参加者一般会感到更愉快，活动中更起劲、更出色。

图19

设计意图：让学生了解青春期中异性交往的收获，从而做到大方坦诚地与异性交往。

### 第三环节：我们的青春故事——早恋的危害

播放关于小青早恋的视频，通过视频引导学生分小组总结讨论早恋的危害（如图20所示）。

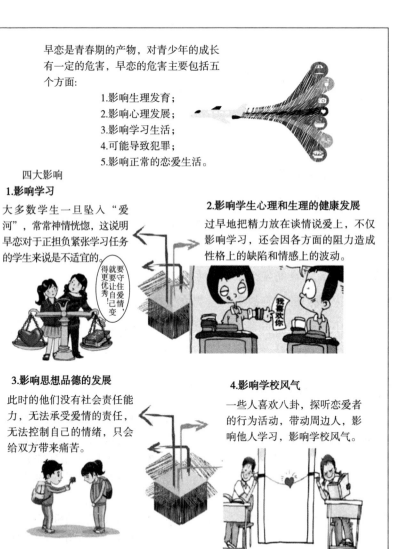

图20

设计意图：直观而真实的案例能够让学生更充分了解到早恋的危害，也以此引导学生进行下一个话题——如何正确对待男女交往？

**第四环节：我们的青春故事——正确对待**

小组问题讨论：既然在青春期我们不能避免与异性交往，但又要预防早恋所带来的危害，那么应该如何正确交往呢？

**1. 教师总结**

对于本次班会的内容、情节、话题等进行一个详细的讲述，告诉学生在现在这个阶段学习的重要性以及与异性朋友交流的办法和技巧，莫让自己的大好年华浑浑噩噩地度过，不让自己的青春留下极大的遗憾。

**2. 活动设计**

一起齐读"八提倡，八不提倡"，让学生铭记在心，并且列举两句与人交往的名言警句结束这场班会（如图21所示）。

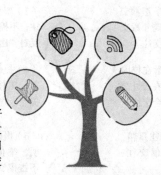

中学生之间应该如何交往呢？

**1.自然交往**
言语、表情、行为举止、情感流露及所思所想要做到自然、顺畅，既不过分夸张，也不闪烁其词；既不盲目冲动，也不矫揉造作。

**2.适度交往**
交往过程中应恰到好处，既不为异性交往过早地萌动情爱，又不因回避或拒绝异性而对交给双方造成伤害。

**3.真实坦诚**
这是指异性交往的态度问题，要像结交同性朋友那样结交真朋友。

**4.留有余地**
在谈话涉及两性之间的一些敏感话题时要回避，交往中身体接触要有分寸等，特别是在跟某位异性长期交往中把握好度。

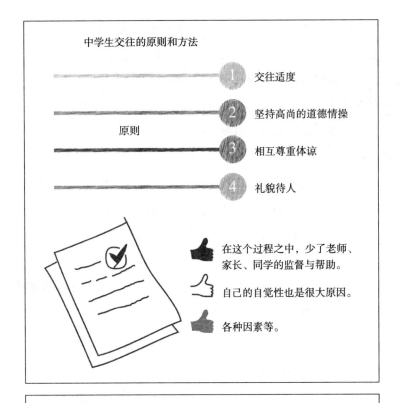

中学生交往的原则和方法

原则

1　交往适度

2　坚持高尚的道德情操

3　相互尊重体谅

4　礼貌待人

在这个过程之中，少了老师、家长、同学的监督与帮助。

自己的自觉性也是很大原因。

各种因素等。

"八提倡，八不提倡"

（1）提倡男女同学正常交往；不提倡跨班、跨年段交往，更不提倡跨校交往。

（2）提倡男女同学集体交往；不提倡单个过密交往，反对"出双入对"。

（3）提倡男女同学在校内正常交往；不提倡在校外交往，尤其在娱乐场合交往。

（4）提倡学生交往多谈学习、工作等健康内容；不提倡谈吃喝玩等。

（5）提倡同学交往重精神轻物质；不提倡交往送礼。

（6）提倡男女同学交往文明，举止言谈大方得体；不提倡交往时动手动脚、肢体接触，有失分寸。

（7）提倡男女同学交往应当主动听取家长或长辈的指导；不提倡背着长辈特别是监护人交往。

（8）提倡男女同学交往在现实环境中进行；不提倡在网上交往。

图21

**设计意图**：将此节班会课推向高潮，点明主题。

## 五、班会总结

青春期的异性交往问题，在当下的学生问题当中尤为突出，因此设计了这节班会课。通过一些现实案例以及寻找剪辑的电影情节让学生观看，从而打开学生的心扉，让学生把话题聊开，取得一定的效果。当然，学生在情感上的微妙变化是很正常的一件事，班主任在班会课后的捕捉与追踪以及及时正确的引导也是必不可少的事。

# 善待身边人

## ——有关"友善"主题班会

深圳中学　杨忠顺

## 一、班会背景

善待他人是人生的必修课，也是人存在的意义。可现今社会出现了一些不和谐的现象，虽是零星个别，却通过报刊网络的迅速传播，造成恶劣影响。于是，一些父辈向孩子传递了一些反向思想，如：拒绝乞丐，不要去扶摔倒的老人以防被讹，不轻易相信陌生人等。长此以往，学生形成了对什么事都持怀疑的态度。慢慢地，孩子习惯性地拒绝别人，对人没有同情心，常有落井下石的心态，追求私利而不讲奉献，等等。

因此要感召学生，让他们对有困难的同学报以同情心，予以帮助，学会礼让同学，善待家人、朋友，明白"善待他人，惠及自己"的道理。

## 二、班会目标

**1. 知识目标**

让学生明白"帮助他人，惠及自己""关爱他人，快乐自己""赠人玫瑰，手有余香"的道理。

**2. 情感目标**

善待他人，多替他人想一想，形成良好的心态，树立正确的价值观。

**3. 行为目标**

学会说话，做事将心比心，能换位思考，并能落实到行动上。

## 三、班会准备

课前必要时进行表情传递游戏指导，收集相关故事，制作课件。

## 四、班会过程

**第一环节：游戏导入，激起学习兴趣**

活动开始，师生进行表情传递游戏，老师先将"笑脸、发怒、鬼脸"三种不同的表情分别传递给三个同学，然后三个同学依次传递给同一列的其他同学，每一列最后一个同学的表情和第一个同学的表情是一样的，因为他们看到的就是这样的表情。

**老师总结：**其实，不仅表情会传递、会感染，我们的行为、语言也会传递、会感染。也就是说，你给他人什么，将来自己可能收获的就是什么。

**板书：**善待他人，惠及自己。

**设计意图：**通过表情传递游戏，让学生明白任何一种情绪、行为、语言都会传递，自己做出什么，将来可能收获的就是什么。

**第二环节：经典案例，唤醒内心感悟**

教师分段出示经典故事《小孩的心》：

有一位单身女子刚搬了家，她发现隔壁住了一户穷人家：一个寡妇与两个小孩子。一天晚上，那一带忽然停了电，女子只好点起了蜡烛。没一会儿，忽然听到有人敲门。开门一看，原来是隔壁邻居的小孩子，只见他紧张地问："阿姨，请问你家有蜡烛吗？"女子心想："他们家竟穷到连蜡烛都没有吗？千万别借给他们，免得被他们赖上了！"于是，她对孩子吼了一声："没有！"正当她准备关上门时，小孩露出关爱的笑容说："我就知道你家一定没有！"说完，从怀里拿出两根蜡烛，说："妈妈和我怕你一个人住又没有蜡烛，所以让我给你送两根来。"此刻女子非常自责，她感动得热泪盈眶，将那小孩紧紧地抱在怀里。

教师让学生分享感受以及学到了什么。

学生：凡事不能以怀疑之心去看待别人，要善于理解他人，被误解若还能释出善意，将会收获更大的感动。

**板书**：被人误解，释出善意，收获感动。

**设计意图**：以经典案例引入，故事情节峰回路转，结局出人意料，学生刹那间明白如何去看待一件事、读懂一个人，自然产生一种顿悟之感，学会即使被误解也要怀着一种善意，用积极的心态去面对，收获另一种感动。

**第三环节：情境推测，反思自我表现**

教师课件展示一个情境：在篮球场上，学生在打篮球，由于动作过大，小东不小心用胳膊打到了小明的头，非常疼。此时，小东会如何回应？结局如何？（请大家根据自己的想法，把"我的推测"写出来）

根据学生推测会有两种结局（小东道歉，二人和好如初；小东不示弱，两败俱伤），请三组同学模拟两种情境，并谈谈感悟。

**板书**：不计较、大气、友善，总是能受人欢迎。

**设计意图**：寻找学生日常生活中再小不过的真实事件，通过让学生选择事件发展的过程和结局，挖掘学生内心的真实想法。利用情境模拟，让学生看到礼让和友善的美好结局，从而唤醒学生内心向善的感悟。

**第四环节：两难情境，引发学生思辨**

教师列举几个情境：扶起摔倒的同学被误解、遇到"职业乞丐"、午休时小东在宿舍吵闹、同学找自己帮忙报复别人，学生分享自己遇到这样的情况该怎么办。

**教师小结**：释出善意，不仅让对方快乐，自己也更加快乐。有句谚语"赠人玫瑰，手有余香"，就是这个道理。

**板书**：释出善意，快乐自己。

设计意图：道理越辩越明，把问题摆出来，才有利于学生分清对错，明白今后如何面对这些两难的问题，为自己今后的行动指明方向。

**第五环节：助人事例，感受惠己真谛**

让学生分享帮助了别人，自己也获得了别人帮助的事例。

**板书：**帮助他人，惠及自己。

设计意图：挖掘学生记忆中帮助他人、惠及自己的事例，学生不仅能被自己感动，更能明确今后做事的方向和心态。通过故事的呈现、感人的场景、动人的画面，让学生不知不觉浸染自我、升华自我。

**第六环节：善意宣言，心动更有行动**

出示几条善意宣言，例如，当她因为考砸了而哭泣时，她需要我的一个安慰："别伤心，还有机会。"让学生按照这种格式，写几条在自己的记忆中曾经有的温暖人心的话。找几个同学分享自己的善意宣言。

设计意图：善意宣言，激起学生的善意记忆，提出善意设想，为将来付诸行动打下情感和认识的基础。写下来，说出来，这就是一种承诺，对于爱面子的高中生来说，一定会说到做到。

# 感恩： 寸草心报春晖

## "为何'为学莫重于尊师'"主题班会

深圳中学 袁 龄

### 一、班会背景

尊师重道是中华文明的道德精华，从孔子的"诲人不倦"，到韩愈的"传道受业解惑"，再到当下做四个"引路人"，教师一直是支撑社会发展的蓬勃力量。适逢教师节，以谭嗣同所言"为学莫重于尊师"为题，召开一场特别的主题班会，引导学生思考为何古人如此看重尊师重道，启发学生这对当今有什么借鉴意义，最后以学会感恩老师为落脚点。

### 二、班会目的

（1）通过活动让学生明白教师节的意义，并学会感恩。

（2）培养学生的表达、策划和组织活动能力。

（3）发扬尊师重道的优秀传统，构建和谐的师生关系。

### 三、班会准备

**1. 前期策划**

组织班委开会，共同商讨班会方案并进行分工。

**2. 班委筹备**

指导班委制作和打印演讲比赛评分表，完成班会课演示文稿，并确定活动主持人。邀请语文老师担任备赛指导，利用班费购买奖品（包含计时器）等物资。

**3. 小组备赛**

将全班学生分成5个小组，各小组选定上场同学代表并组内一同备赛。

**4. 素材准备**

在网上或到图书馆收集相关资料，并下载相关视频。

**5. 场地准备**

课前调整班级桌椅布局，在讲台前方腾出空地，作为演讲的舞台。

## 四、班会过程

**第一环节：话题导入**

主持人：尊敬的老师、亲爱的同学们，大家早上好！

古人对尊师之礼，传承2500余年。根据《大学》里记载的礼制，教师即使被天子召见，也不必面北称臣，以此来表示对教师的尊重。为什么古人甚至连天子也这般尊师？今天我们将围绕这个话题展开一场特别的"演讲比赛"。

**设计意图**：以设问形式导入，激发学生的学习动机。

**第二环节：群议古人"尊师"**

主持人：本次演讲比赛的规则想必大家已经了如指掌，这里我需要再强调两点：第一，每位选手演讲时间为5分钟，超时将会扣分；第二，各小组组长担任评委，请公平公正地给出你宝贵的分数。经过一周的准备，相信5位参赛选手都已经摩拳擦掌。话不多说，接下来掌声有请第一位参赛选手。

（每个选手演讲完毕由主持人报幕）

主持人：感谢各位选手的精彩演讲，请工作人员收集评分表。我们将会在下周班会公布结果，届时邀请神秘人物担任嘉宾，给前三名选手颁奖，让我们敬请期待！相信在选手们的演讲中，大家或多或少都有些思考，接下来进入点评和提问环节，请同学们踊跃举手发言！

小活动：学生点评或向选手提问。

**设计意图**：通过演讲比赛和互评交流，一方面引导全班学生思考古人尊师的原因，另一方面锻炼班委的组织能力、选手的表达能力、学生的团队合作等综合能力。

**第三环节：浅谈今之"重道"**

主持人：经过刚刚激烈的讨论，想必大家心里已经对古人尊师的原因有了一个答案，它对我们当下有什么借鉴意义呢？接下来，让我们通过一段视频，聆听著名生物学家、中国科学院院士施一公先生的演讲。

（播放视频：施一公院士在开学第一课的演讲视频片段）

主持人：正如施院士所言，当前疫情特殊时期，是科学带领我们走出困境。而尊重科学不仅仅是鼓励我们投身于科研事业，这一切的基础需要我们从尊重教师、尊重知识做起，请同学们分享一下自己的理解与看法。

（学生分享）

主持人：感谢同学们的分享！

**设计意图**：请院士"做客"班会，以榜样的力量引导学生从古人的视角迁移到当今社会，思考尊师重道的现实意义。

**第四环节：践行"尊师重道"**

主持人：农历八月二十七日是孔子诞辰日，亦是古人的教师节。从汉代开始，皇帝会在这天带领群臣拜祭孔庙。不仅如此，民间还有非正式的教师节或拜师礼仪等。恰逢今年教师节，也让我们用实际行动践行"尊师重道"。请同学们将想对老师说的话写在便笺上并放入祝福袋内，我们将在教师节当天送给老师。

（学生参与祝福袋的制作）

主持人：槐盛之秋，我们一同探索和思考了从古至今的尊师重道，对教师节的设立也有了新的认识。希望大家可以落实到日常，让我们一同尊敬、爱护我们的老师吧！

**设计意图**：以活动组织学生们动手，表达对老师的感恩之情。

# 五、班会延伸

（1）班委将祝福语整理放入每个老师的祝福袋中，并在教师节当天送给老师。

（2）在班级宣传栏或黑板报设置"尊师重道之礼"专栏，供学生自由写上哪些行为符合礼仪，哪些行为欠妥当。

（3）组织在下一次班会进行演讲比赛的颁奖礼，邀请科任老师担任颁奖的神秘嘉宾。

## 六、班会反思

《礼记·学记》中说："师严然后道尊，道尊然后民知敬学。"意为"老师受到敬重，然后他所教授的真理学问才能受到尊崇，真理学问受到尊崇，然后人民才会敬重学问，认真学习"。这便是教师节的意义之一。如果是常规的说教，难以让学生接受。因此，整节班会以学生为主体，老师作为引导者在前期设计并组织，充分让学生通过自身体验进行思考，锻炼综合能力。以演讲比赛的形式，组织学生讨论和分析古人尊师的原因，进而让他们在活动中明白其中的意义，并迁移到当下的尊重科学和尊重老师。如此一来，敬重和感恩老师的教师节仪式感中又增加了几分理解和用心。

## 七、附件（见表5）

表5

| 主题演讲比赛评分表 | | | 评分人： | |
|---|---|---|---|---|
| 选手组别 | 印象分（10分） | 技术分（35分） | 时控分（5分） | 总分 |
| 第一组 | | | | |
| 第二组 | | | | |
| 第三组 | | | | |
| 第四组 | | | | |
| 第五组 | | | | |

注：（1）印象分包括选手的仪态、气质和现场效果等。

（2）技术分包括主题明确、内容贴切、逻辑清晰、文字精练、语言表达五个方面。

（3）时控分由组委会统计，若超时则扣完。

（4）收集五个小组长的评分表，求平均后即得各位选手的最终分数。

# "走近恩师"主题班会

深圳中学　袁　龄

## 一、班会背景

教育专家郭建国教授说："感恩之心是一种美好的感情。没有一颗感恩的心，孩子永远不能真正懂得孝敬父母，理解帮助他的人，更不会主动地帮助别人。"进入高三后，师生共同为备考做准备，在教与学的相处中慢慢熟悉。借教师节契机，用班会搭建师生座谈会，谈谈老师与自己的恩师的青春记忆，促进学生对老师的进一步了解，同时向老师表达感恩之心，为接下来更好地教与学做好铺垫。

## 二、班会目的

（1）加强师生交流，增进师生感情，通过活动让学生学会感恩。
（2）培养学生的表达、策划和组织活动能力。
（3）发扬尊师重道的优秀传统，构建和谐的师生关系。

## 三、班会准备

**1. 前期策划**
组织班委讨论和分工执行"座谈会"与趣味"颁奖礼"方案。

**2. 制作视频**
请班里的学生一起制作回忆师生间点滴故事（前期班主任收集）的视频。

**3. 邀请嘉宾**

宣传委员制作邀请函，以班长为代表邀请6位科任老师参加班会。

**4. 小组活动**

学生以小组为单位，每个小组分别为科任老师制作"祝福袋"和"奖状"。

**5. 场地准备**

用标语或彩带布置教室，课前调整班级桌椅布局，在讲台前方腾出空地，以座谈会的形式，摆出访谈主持人与嘉宾的座位。

## 四、班会过程

**第一环节：话题导入**

主持人甲：尊敬的老师、亲爱的同学们，我是主持人甲，大家早上好！

在我国古时候，很早就形成了尊师重道的社会风气。光是对教师的称谓就有不下10种，如"先生""夫子""师父"西席等。今日何其有幸，我们邀请了本班6位科任老师与我们齐聚一堂，一同聊聊有关教师这一话题，大家再次掌声欢迎老师们的到来！

（老师们入席就座）

话不多说，先把接力棒交给主持人乙，接下来将由她带大家与老师们聊一聊。掌声有请！

**设计意图：**学生担任主持人，不仅锻炼他们的语言表达能力，而且由学生来引导能增加好感度，避免老师铺陈说教，激发全班同学的好奇心。

**第二环节：我与老师谈一谈**

主持人乙：老师们、同学们大家好！我是主持人乙。首先，请我们熟悉的各位老师给大家打个招呼吧！

（音乐起，老师们逐一打招呼）

访谈问题：

（1）请问老师，能谈谈您自己经历高三时最深刻的记忆吗？

（2）请问老师，能说说和对您影响最深的高中老师之间的故事吗？

主持人乙：接下来是学生自由提问时间。欢迎大家举手提问！

主持人乙：感谢各位老师的分享！

设计意图：通过座谈的形式，减少拘谨，设问贴近生活，也符合学生的认知。老师分享自己与恩师的故事，引导学生思考师生之间的感情。

**第三环节：我给老师"颁个奖"**

主持人甲：谢谢各位老师和主持人乙！岁月不居，时节如流，一转眼，我们已与各位老师相处了一段时光。这段时间月里，我们求知若渴，常常课后缠着各位老师解惑。其实这样的细节还有很多，接下来，让我们通过一段视频来回忆。

播放视频内容：这段时间各位老师辛勤伏案及和同学们相处的一些片段。

主持人乙：惓惓子身，谆谆子心。青灯黄卷，来授众人。看着视频里出现红笔改过的作业，用心写下的评语，这点点滴滴都是老师们的心意。

主持人甲：老师们的付出平日里虽不言不语，但我们亦知晓。这段日子里，师生相处融洽，同学们日记里"出镜率"最高的便是各位老师。

主持人乙：是啊，老师们不仅传道授业解惑，也在陪伴我们度过人生中最青春的时光。

主持人甲：因此，同学们组织了"组委会"，为老师们进行了一次特别的评奖。下面我将公布结果。请念到名字的老师到讲台上来，也有请学生代表担任颁奖嘉宾。（如语文老师获评"课如人一般温柔奖"等）

（音乐起，颁奖时由小组组长送上奖状和祝福袋）

主持人乙：掌声恭喜各位老师，感谢各位老师平日里对我们的教导！

设计意图：通过视频形象、直观地展现各位老师的辛苦付出，引发学生对老师的感恩之情。另外，趣味颁奖礼方式较为活泼，切换日常表扬的视角，由学生通过表扬来表达对老师的观察和喜爱，进一步拉近师生之间的关系。

**第四环节：我对老师"敬个礼"**

主持人甲：古有拜师礼，今日让我们效仿古人，一起给老师们行拜师礼（作揖）！（如图22所示）

图22

（音乐起，全班学生行礼）

主持人乙：感恩我们在求学路上有老师们的指导与陪伴！

主持人甲：一年后又是槐盛之秋，相信我们定能不负老师的嘱托，愿我们高考必胜！

主持人乙：今天"走近恩师"主题班会到此结束，再次感谢各位老师！感谢参与组织的各位同学！

**设计意图**：组织具有仪式感的拜师礼，帮助师生共同铭记这个特别的教师节。

## 五、班会延伸

布置班会作业：由班级代表将祝福袋送给未到场的其他科任老师。

## 六、班会反思

教师节对于师生而言不是第一次度过。但在高三，于学生而言一辈子仅一次，于老师而言这是一群确定不会重来的学生。那么，如何度过一个难忘且有意义的教师节，便是本次班会设计的重点。为了避免成为一场说教或流于形式的班会，通过前期与学生的规划，组织多样化的活动形式，采用视频、音乐等多媒体，最后形成了节奏紧凑的班会。本节班会还存在改进的地方：一是前期准备需花很多时间，高三学子学业紧张，还待优化；二是班会内容较多，需要主持人具备较好的控场能力。

# 用感恩之心去爱这个世界

## ——感恩教育

深圳高级中学东校区　张培兰

## 一、班会背景

随着国家经济的快速发展，整个社会越来越功利化，一切朝利益看齐，似乎少了些人情味。学校也以成绩论英雄，这或多或少都影响了我们的下一代。加上现在的青少年很多是独生子女，比较以自我为中心，不太会换位思考，不懂感恩。而感恩又是个人生存与发展的必要条件，是中华优秀的传统美德。面对现在日益冷漠的年青一代，加强感恩教育尤为重要。

## 二、班会目的

（1）通过讨论和引导，让学生了解感恩，即让学生懂得为什么要感恩，怎样去感恩。

（2）通过让家长和老师分享他们的感恩故事，让学生理解感恩渗透在生活中的点点滴滴，常怀感恩之心，感恩目前的学习生活，提高幸福感。

## 三、班会准备

### 1. 构思架构

设计主题班会流程，确定班会主题分为三大板块："你最想感谢……""我所经历的故事""感恩行动"。

### 2. 收集素材

网上下载歌曲《感恩》、诗歌《学会感恩》、视频《每天感恩三分钟》。

事先联系好家长和班级老师，采访式录制视频。

**3. 整合与衔接**

（略）

# 四、班会设计

**1. 需要解决的核心问题**

（1）对感恩的理解是什么？

（2）为何要感恩？

（3）怎样去感恩他人？

**2. 分解问题**

（1）对感恩的看法和理解是什么？

（2）在生活中，我们可以感恩的对象都有谁？

（3）为何要感恩父母、老师和朋友？

（4）为何要感恩他人或事物？

（5）如何感恩父母、老师和朋友？

（6）如何感恩他人或事物？

# 五、班会过程

第一环节：你最想感谢……

**1. 问题引领**

播放歌曲《感恩》营造气氛，直入主题，引导学生讨论并发表对感恩的认识和看法。

解决分解问题（1）：对感恩的看法和理解是什么？

解决分解问题（2）：在生活中，我们可以感恩的对象都有谁？

**2. 相关资料**

不同的人对感恩的理解或许会有所不同。感恩是一种态度，或是一种处世之道，或是一种优秀品德。仁者见仁，智者见智。对于感恩的对象，大部分同学会说感恩父母、感恩老师、感恩朋友和同学，教师还可以引导感恩自然，感恩为社会做出贡献的人，比如清洁工人、警察、医生，还可以感恩挫折和困难，感恩那些伤害过我们的人。感恩的对象不仅可以是我们认识的人，还可以是某件事、某个路人，甚至某物。

**3. 达成目标**

通过讨论，帮助学生多维度、多深度地认识和理解感恩，感恩生活中的点点滴滴，常怀感恩之心。

**第二环节：我所经历的故事**

**1. 问题引领**

根据学生所提的感恩的对象，让他们分享为何要感恩，请同学分享自己经历的或听过的故事。待讨论分享完，全班一起朗诵诗歌《学会感恩》。

解决分解问题（3）：为何要感恩父母、老师和朋友？

解决分解问题（4）：为何要感恩他人或事物？

**2. 相关资料**

**学会感恩**

绿叶在林中吟唱，

谱写着一曲曲感恩的乐章，

那是大树对滋养它的大地的感恩；

白云在蔚蓝的天空中飘荡，

绘画着一幅幅感人的画像，

那是白云对哺育它的蓝天的感恩。

因为感恩，才会有这个多彩的社会；

因为感恩，才会有真挚的友情；

因为感恩，才让我们懂得了生命的芬芳！

学会感恩——感激我的父母，

因为他们给了我宝贵的生命。

母亲的皱纹深了，却滋润了我青春的脸庞，

父亲的手粗了，却使我变得更加坚强，

母亲的眼睛花了，却把明亮的双眸给了我，

父亲的腰弯了，却给了我挺直的脊梁。

父母没有给我们荣华富贵，

但赐予了生命和土壤。

父母没有让我们坐享其成，

但给予了勇气和信仰。

无论你们多么的贫穷，

在我们的眼里，却最富康；

无论你们多么的平凡，

在我们的心里，却胜过世上任何的偶像！

如果说母爱是一叶小船，

载着我们从少年走向成熟；

那么父爱就是一片海洋，

给了我们一个幸福的港湾。

如果母亲的真情，

点燃了我们心中的希望；

那么父亲的厚爱，

将是鼓起我们远航的风帆。


学会感恩——感激我们的老师，

因为老师丰富了我们知识的营养，

给了我们打开知识宝库的钥匙；

是老师告诉我们遇到困难时，

不要轻言放弃和颓丧！

是老师给了我们照亮人生的灯塔，

给了我们在人生大海上拼搏的船桨。

您用知识的甘露，浇开了我们理想的花朵；

您用心灵的清泉，孕育着我们青春的梦想。


我们还要感恩于朋友，

因为真正的朋友，

让你永远有一种坚实的臂膀，

他们不仅愿意和你甘甜同尝，

而且能够和你把苦难担当，

携手拼搏、并肩起航。


我们还应当感恩多彩的生活和大自然，

因为生活让我们不断走向成熟，

因为大自然让我们沐浴着雨露阳光。

生活中所有的挫折磨难，

更因为它们而具有了沧桑！

生命中所有的快乐幸福，

也因为它们而洋溢着芬芳！

学会感恩，

感恩让我们的价值坐标更为宽广；

学会感恩，

感恩让我们的生活处处充满光芒；

学会感恩，

感恩会让我们的青春更加昂扬！

让我们怀着一颗感恩的心，

走向祖国的四面八方！

**3. 达成目标**

在认知层面上让学生理解为何要感恩身边的人与事，通过让学生分享经历，酝酿学生的感恩之情，在朗诵过程中升华这种情感。

**第三环节：感恩行动**

**1. 问题引领**

观看视频《每天感恩三分钟》，引发学生思考：我们应该如何付出实际行动去感恩父母、老师、朋友，甚至是陌生人和伤害过我们的人等。接着播放事先录制的家长感恩小孩出现在他们的生命里，教师感恩学生带给他们的精彩生活、感恩挫折和困难的视频。最后以开篇歌曲《感恩》结束。

解决分解问题（5）：如何感恩父母、老师和朋友？

解决分解问题（6）：如何感恩他人或事物？

**2. 达成目标**

两份视频相互照应，通过播放视频《每天感恩三分钟》，让学生明白应该用怎样的实际行动去回馈家人、朋友和老师。通过家长讲述他们感恩孩子完整了他们的人生，促进亲子关系，反过来触动学生，要去感恩父母；通过教师感恩挫折和困难，让学生感恩他们现在的生活，从另一种角度去理解枯燥、繁重的学业生活。让学生感受到感恩可以渗透到生活中的点点滴滴，用感恩之心去感受这个世界，生活将会更美好。

## 六、班会反思

感恩教育，重在入心，因此要多一些煽情的环节，多让学生去分享故事。当学生分享故事的时候，班主任可以播放背景音乐渲染气氛，达到更好的效果。

# 书写"寄得爱"

## ——有关"感恩教育"主题班会

深圳中学 杨忠顺

## 一、班会背景

随着生活水平的提高，家庭、学校和社会给学生提供的物质条件越来越好，家庭宠爱和学校民主的氛围会让学生有不同程度的娇生惯养、好吃懒做、唯我独尊、不懂感恩等问题。古语云"滴水之恩，当涌泉相报"；高中阶段是学生世界观、人生观、价值观形成的重要时期，要加强学生的感恩教育，让学生领悟"只有心怀感恩，才能滋润生命"的真谛，让学生感受到只有懂得感恩，世界才会更加美好。

## 二、班会目的

（1）通过与父母角色互换，让学生感念父母的养育之恩。

（2）通过对父爱和母爱特点的分析，引导学生珍惜母爱、理解父爱，让学生明白感恩父母就应该落实到行动上，要"厚德弘毅，知行合一"。

（3）通过对家、国、社会关系的探讨，引导学生树立"感恩他人，感恩社会"的思想。

## 三、班会准备

（1）角色互换，让学生利用周末和家长互换角色，做一天家长。

（2）收集感恩小故事和名人做慈善的典型事迹。

（3）准备相关视频，制作课件。

## 四、班会过程

**第一环节：分享感受，感悟感恩**

找几个同学分享角色互换后的感受，体验家长的不易。观看中央电视台公益广告FAMILY，让学生们表达自己的感受。

**设计意图**：通过角色转换和视频公益广告，让学生感悟自我成长中父母的艰难，从而明白自己该如何做，为学会如何感恩父母打下情感基础。

**第二环节：一路有您，感恩父母**

（1）观看简笔动画《人的一生》：一个小孩，慢慢长大，然后结婚生子，慢慢变老，一直到去世，被子女祭奠。让学生分享观看后的感想。

（2）"树欲静而风不止，子欲养而亲不待"，观看微电影《天堂的午餐》，学生分享观后感。

**教师总结**："祭而丰不如养之厚，悔之晚何若谨于前"这一古训，时刻提醒、督促着我们要及时履行对父母的感恩、孝敬和赡养。《天堂的午餐》最后一句话振聋发聩："当你在等以后，就失去了永远！"

**设计意图**：通过动画，让学生知道要敬爱父母，要感恩父母。孝敬父母应该从小事做起，及时尽孝。

第三环节：学习生涯，感念师恩

请一名同学朗读课件上展示的诗歌《老师，母亲》破折号一个儿子献给自己做了30年老师的母亲的诗歌。

让学生们分享听完诗歌的感受，回忆自己读书以来老师对自己人生发展的引领故事，表示要永远铭记老师的恩情。

设计意图：理解老师对学生的爱是世界上最纯洁的爱，让学生感悟到老师对学生的爱也是无私的，学生要对老师怀感恩之心。

第四环节：积极行动，感恩社会

借用成龙和刘媛媛演唱的《国家》这首歌中的歌词"家是最小国，国是千万家；……我爱我的国，我爱我的家"，鼓励学生要肩负起我们的历史使命和责任，把"我的梦"融入"中国梦"中去。播放视频《感恩的心》，让学生跟着视频一起唱，一起做手语。

设计意图：让学生明确自己、家庭、国家和社会的关系，没有国就没有家，没有社会进步和发展就没有自我价值实现的舞台，要懂得感恩社会，感恩一切帮助过自己的人。

第五环节：课外拓展，感恩延续

分享深中校友、腾讯创始人之一、中国十大慈善家之一陈一丹的故事。感恩是永远的，感恩也是日常的。请同学们课后利用学校印制的"寄得爱"给要感恩的人写一封信，表达自己的感恩之心。我们下周再做交流（如图23所示）。

图23

设计意图：引导学生要把感恩之心落实到行动中，做一个真正懂得感恩、永远用行动报恩的人。

## 五、本课亮点，效果预测

个人认为，本节班会课的设计亮点有三：一是导入环节用中央电视台公益广告FAMILY，触动学生内心的情感；二是整节课逻辑严密，从感恩父母到老师、社会、国家，再到所有帮助过自己的人，使感恩之情很饱满；三是课外延伸环节，让学生写"寄得爱"，送给自己要感恩的人，使后续行动简单易行，调动全班学生的积极性。效果预测：本课遵循了品质形成的"知、情、意、行"几个要素，结构比较严密，不一味说教，让学生去体验、去聆听、去感悟，通过分享让学生流露自己的真实想法，意识到感恩父母、感恩他人、感恩社会，不仅是想一想、说一说，还要落实到行动上。

# 知书达礼深中人
## ——有关"礼仪"主题班会

深圳中学　杨忠顺

## 一、班会背景

《中小学文明礼仪教育指导纲要》中明确指出，在高中阶段要"让学生了解礼仪的渊源和内涵，掌握做人做事的原则和方法，提高合作、参与、交往的能力，培养乐观、豁达、积极向上的性格，形成对家庭、社会和国家的责任感，树立社会主义公民意识"。该纲要还进一步指出，要掌握各种场合介绍和自我介绍，各种场合握手、演讲和辩论的礼仪要求等，以及掌握基本的涉外礼仪。

礼仪是一个人的道德水平、文化修养、交际能力的外在表现，是一个国家文明程度、道德风尚和生活习惯的综合反映。高中生应该知书达礼，但是由于过去缺乏系统的礼仪教育，不少高中生认为"礼仪不重要，成绩最重要"，或者认为"小学生才用讲礼仪，我们早就懂了"。所以，我们必须让学生掌握基本的礼仪知识，特别是在高一年级夯实基础，明礼知行，并且能在生活中很好地应用。

## 二、班会目标

进一步了解基本的个人礼仪知识和人际交往礼仪，学习人际交往的原则和技巧，引导学生在生活中很好地应用礼仪。

## 三、班会准备

（1）剪辑《人在囧途之泰囧》的电影片段和《百家讲坛·金正昆谈现代礼仪》的视频。

（2）调查高中生对个人礼仪知识和人际交往礼仪的掌握情况。

（3）准备相关课件。

## 四、班会过程

### 第一环节：名言导入，引出礼仪话题

从人们对服装的选择，可以窥测到他的文化水平和道德修养的底蕴。

——郭沫若

**设计意图**：通过名人名言导入，吸引学生注意力，让学生意识到个人着装礼仪的重要性。

### 第二环节：个人礼仪应知晓

**1. 学生分组讨论**

高中生着装要注意哪些方面？然后各组分享。

教师总结高中生着装礼仪的基本要求，并提出校服是最佳选择的几点好处。

深圳市统一的中小学校服已经成为深圳的一张城市名片，深圳学生身着校服从单纯的高辨识度渐渐演化成了对于深圳文化的归属感和认同感。许多深圳学生毕业之后仍身着校服，因为深圳校服舒适、方便以及有情怀，也有不少学

生对深圳校服的款式设计赞不绝口，认为深圳校服在全国中小学运动服中都算数一数二的设计。

**2. 请一个学生表演进入教室后一连串不文明行为的默剧**

让同学们观看后找出这个学生个人礼仪方面的不当之处。

教师总结：强调高中生除了着装方面的礼仪外，还有仪容仪表礼仪。

设计意图：通过讨论，让学生明确高中生的着装要求。通过默剧让学生知道除了着装礼仪之外，还有个人仪容仪表礼仪，要注意高中生身份，才能在人际交往中展示出自己的美好形象。

第三环节：高中生人际交往礼仪指导

**1. 电话礼仪**

播放视频《金正昆谈现代礼仪——电话礼仪》片段，金正昆教授提出问题：打电话时谁先挂？学生思考并表达观点后，继续播放视频，听金教授讲解人际交往中挂断电话的三个注意事项：一是长辈先挂，二是上级先挂，三是地位相同者被求的人先挂。

**2. 高中生人际交往的原则和技巧**

先让学生做含有10个有关人际交往礼仪题的小测试，有错有对，请学生判断，然后教师公布答案。

**3. 教师总结四条交往原则和四条交往技巧**

（1）交往原则：真诚、宽容、尊重、热情。

（2）交往技巧：良好第一印象、笑出一道风景、眼睛会说话、善于倾听。

设计意图：根据权威效应，教授讲挂断电话礼仪，学生会比较认同。利用小测试，让学生对人际交往中的常见礼仪有理论认知，教师总结让学生更加明确如何与人更好地交往。

第四环节：情景思辨，共同探讨

教师课件展示三个情景，分别是扫墓着装、多人谈话和电梯相遇，让学生判断是否符合礼仪规范，然后教师总结。

设计意图：根据前面三个板块的内容，学生对个人礼仪和人际交往礼仪有了基本的认知，情景思辨不仅判断学生对礼仪规范是否已经掌握，还在于给学生做示范与引领。

**第五环节：签署文明宣言，践行文明礼仪**

每个同学在文明礼仪宣言上签名，各个学习小组要相互监督，也请家长和任课老师配合监督。

**设计意图：**通过让学生签署宣言，以承诺的方式践行文明礼仪，并接受他人监督，达成"知、情、意、行"的统一。

# 沟通： 一言贵于千金

## "学会倾听，善于沟通"主题班会

深圳中学 袁 龄

### 一、班会背景

高一入学的新生，难免会遇到青少年时期常见的一些沟通困境，常常发生在同学、家长之间。这是高中生心理发展必须经历的一个过程，学生越来越独立，越来越关注自己在同龄人和身边人心里的地位与价值。与此同时，会衍生出一些学生的心理问题，学业亦会受到影响。因此，本节班会围绕新生的沟通问题进行展开，尝试引导学生从学会倾听开始，从情景剧中换位思考理解他人，进而改善沟通技巧。

### 二、班会目的

（1）引导学生了解沟通的重要性，认识沟通困境发生的过程和原因。

（2）在多样化的情境中体验、理解、掌握人际沟通中正确的态度和方法。

（3）培养学生的沟通能力，促进学生身心健康和谐地发展。

### 三、班会背景

（1）通过调查问卷，了解常见的沟通困境和家长的想法。

（2）组织部分学生排练情景剧，提前准备道具和布置场景。

（3）网上和图书馆里挑选故事素材，并下载相关视频。

## 四、班会过程

**第一环节：故事导入**

故事分享：春秋时期的管鲍之交流传千古，如图24所示。

图24

问题一：管鲍之交流传千古的原因是什么？

问题二：在生活中，我们是否不经意间会成为故事中的"别人"？

问题三：有什么办法可以避免误解他人？

**设计意图：**通过管鲍之交的故事分享，引导学生认识理解沟通的重要性。

**第二环节：倾听自己内心的声音**

**情景剧1**

旁白：学生甲丢失了耳机，四处都找不到，烦躁地回到了班级。此时，学生乙和丙在班里讨论数学题。

学生乙：甲你好，可以过来帮我们讲解一道数学题吗？

学生甲：（不耐烦地）有什么好讲的，这么简单！

学生丙：（愤怒地）哎，甲你什么态度！

旁白：放学后，还是没找到耳机的学生甲回到家中。

甲父亲：甲你回来了，今天有没有好好听课？

学生甲：（不耐烦地）有有有，天天都问一样的问题！

甲母亲：怎么可以用这种态度和家长说话！你是怎么了？

学生甲：（不耐烦地）没怎么……（径直走回房中锁上门）

问题一：学生甲的一日不是很顺利，都是一些什么原因导致的？

问题二：生活中我们是否也有过类似的经历？你会怎么做？

通过邀请饰演学生甲的学生和观众们回答、讨论，引导思考情景源头在于丢失耳机所带来的负面情绪。当一个人的情绪变坏时，潜意识会驱使他选择向周围的人进行发泄。这是一种典型的坏情绪传染，心理学上称之为"踢猫效应"。如果学生甲没有发现自己正在向他人传播负面情绪，长期下去，还可能引发其他不理智的情绪，比如自以为是、自尊受损、好下结论等，这些都可能使事态朝更严重的方向发展，甚至会对别人造成伤害。

问题三：如何避免自己成为"踢者"或者"猫"？

问题到这里，学生慢慢明白生活中需要先控制自己的情绪状态，学会接纳各种情绪，适时向他人表达自己的感受或需求，而不是通过语言来发泄不良情绪。只有如此，才能为良好的沟通打好基础。

**设计意图**：青少年情绪不稳定是普遍现象，通过表演情景剧，引导学生在与他人沟通前先学会倾听自己内心的声音，学会接纳自己的各种情绪。

**第三环节：倾听同学**

**情景剧2**

旁白：晚自习结束后，学生甲回到了宿舍。今日轮到舍友乙做卫生值日，学生甲却看到宿舍满地垃圾，甚至还有些臭味，而舍友乙正在玩手机游戏，笑得很大声，一旁的舍友丙坐在椅子上闷闷不乐。

学生甲：（生气地）乙你真的很不讲卫生啊！

舍友乙：（急躁地）等一会儿嘛，催什么催！没看我正在打游戏吗？

学生甲：（调整一下，轻拍舍友丙的肩膀）丙你怎么啦？

舍友丙：（低落地）社团面试我落选了……

学生甲：啊，我觉得你应该听听歌换换心情。

舍友丙：我真没用，一到关键场合就会紧张。

学生甲：这算不了什么，你听听我的经历……

问题一：面对舍友乙的情况，我们对学生甲可以有什么建议？

根据环节二所学，学生可能会从情绪和表达的内容入手，建议学生甲尝试表达自己的感受或需求。

名言分享：印度哲学家克里希那穆提曾说："不带评论的观察是人类智力里的最高形式。"结合名言，教师还可以提示描述客观事实比主观指责会更好，比如对舍友乙说："你有三次轮值都没有及时打扫卫生哦，需要我的帮忙吗？"进而开启对话与倾听的大门。

问题二：面对情绪不佳的舍友丙，我们可以怎样与他沟通呢？

或许有些学生在面对类似舍友丙的情况时，会觉得话题进行不下去，甚至会认为甲并没有认真在听而是敷衍。无论是宿舍还是班集体，都是一个不可分割的整体，教师可引导学生像倾听自己内心的声音一样，关切地倾听他人，一方面不解读为批评或指责，另一方面不通过提建议、说教、辩解或比较等方式忽视他人的感受。

小活动1：请学生判断以下乙的叙述是否为倾听他人的表达。

（1）甲：你从不把我当回事。要不是我帮你，你一个人能处理这么多事情吗？

乙：你怎么能这么想！我一直都很尊重你。

（提示：乙是在辩解，可以尝试：你好像有些失落，你希望得到欣赏和肯定？）

（2）甲：你以为你什么都知道？

乙：听起来你有些不开心，因为你希望每个人的意见都能得到倾听，对吗？

（提示：乙发现了甲言语中的情绪不佳，并尝试换位思考）

（3）甲：我又考砸了，我真是个笨蛋！

乙：没有人可以每次都考得很好，不要太严格要求自己。

（提示：乙其实是在通过比较他人来安慰甲，有时会起到反效果，可以尝试：你很沮丧，是因为你希望自己可以考得更好，是吗？）

教师总结：倾听同学可以多尝试以下句式。

①描述你所观察到的具体行为：当你想到……

②对于以上行为，询问情感的感受而非思想：你感到不安、愧疚或生气吗？

③内心什么样的需要导致了上述的感受：因为你需要他人的肯定……

④倾听他人的请求而不是命令：所以你想放松一下对吗？

设计意图：多样化的情境，帮助学生理解沟通困境发生的过程，并且引导学生思考如何真诚地倾听他人。

**第四环节：倾听家人**

播放视频：《家有儿女》中刘星和母亲吵架后离家出走。

问题一：如果你是刘星，听到母亲的批评，你有什么感受？

问题二：在与父母沟通时，我们可以给刘星提出什么建议呢？

不少学生可能会感同身受，教师提示他们先尝试说出刘星的需求是什么。通过讨论，有的学生会建议刘星向母亲表达自己今日经历所有的感受，并且寻求母亲的帮助。高中生的自我意识高度发展，强烈的成人感，渴望自己被当作成年人来对待。孩子对待家长的态度，也从过去的依赖逐渐转变成独立。通过小活动2，教师可以引导学生换位思考，尝试倾听父母的感受，理解他们对自己的爱与需求，从自身做起改变沟通方式。

**小活动2**：分享家长和孩子双向调查问卷的结果，其中关于吵架最想问的问题及回答节选如下。

孩子对家长的问题：每次和你们吵完架后，你们的感受和想法是什么？

家长1：难受，想找个地方哭，这比做事情难太多了！

家长2：要是当年我也像你这样吵架，你爷爷会揍我的！

家长3：这娃儿怎么不听话呢？然后反省，娃儿大了有主见了，要尊重，调整沟通方式。

家长对孩子的问题：当你看到父母哪些表现时，会让你觉得与父母之间是可沟通的？

孩子1：你们在听我说话，不随便给建议，不从"过来人"的视角说教，我最不喜欢那种"我比你懂"的感觉。

孩子2：不会一下子否定我的观点，不是一味地指责和批评，而是尝试听我讲整件事情。

孩子3：希望可以获得情感和心理上的支持，关心我生活中的一些小细节，尊重、理解和接受我的所思所想所做。

**小活动3**：将本环节的课堂视频录下来后，转发至家长微信群。

**设计意图**：青少年的自我意识会和外界发生冲突，首当其冲的便是父母。在倾听的主题下，引导学生换位思考，理解父母的同时学着优化沟通方式。

### 第五环节：优化沟通

在面对与他人沟通不畅时，可以有四种选择：责备自己，指责他人，体会自己的感受和需要，体会他人的感受和需要。教师引导学生思考每种选择的结果会是什么，鼓励学生选择后两者而不是责怪自己或他人，进而开展小活动4。

**小活动4：** 组织学生以小组为单位。

（1）讨论在沟通时作为听者会引发不快的词汇或语句。

（2）讨论在沟通时作为表达者适合使用的词汇或语句。

（3）推荐自己的沟通技巧或想法。

（4）小组汇总并邀请小组代表进行分享。

**【名言分享】**

一位阿拉伯哲人曾说："一个没有交际能力的人，犹如一艘陆地上的船，永远也不会漂泊到人生大海的彼岸。"以名言作为结语，教师鼓励学生"己所不欲，勿施于人"，在与他人相处时换位思考，倾听语言背后的声音，进而优化自己的沟通方式。

**设计意图：** 通过同辈间的交流与分享，优化沟通技巧。

## 五、班会延伸

（1）布置班会作业：给产生过沟通误会的同学或家长写一封信，表达善意或歉意。或者给未来会情绪不佳的自己写一封信，安慰并告诉自己需要尝试倾听自己的情绪，勿轻易带着情绪去与他人沟通。

（2）将课堂生成的关乎沟通问题的讨论进行汇总，形成"学会倾听，善于沟通"倡议书，并在班级宣传栏进行展示。鼓励学生在倡议书上写上自己的名字，学会与他人友好相处，为精彩的高中生活打好基础。

（3）组织班级家长研讨会：亲子沟通在高一新生家庭中是不可回避的话题，将课堂中的环节视频和调查问卷的结果发给家长，可组织网络形式的讨论，帮助家长了解孩子的感受和想法，共同探讨亲子沟通的方式与技巧。

## 六、班会反思

本次班会课以高一学生常见的沟通问题为主，贴近生活实际，注重学生的共情与反馈，也是一次基于问题导学的班会课尝试。因"沟通"的话题比较大，所涉及的每个环节都可以继续深入。考虑到青春期孩子自我意识强，在与人沟通时常因不能理解他人而产生矛盾或误会，因此选择了"倾听"这个角度进行展开。为了避免一味地说教，设计中采用了故事和名言分享、情景剧和小组活动等方式组织教学，学生在多样化的情景中体验感受并获得思考。班会课后，注重课程生成和课后延伸，进一步将"学会倾听"和"善于沟通"落到日常生活中，希望可以真切地帮到高一学生。

# "好好说话，高效表达"主题班会

深圳中学　袁　龄

## 一、班会背景

进入高二后，不少学生走出原有的"交际舒适区"，担任校内社团的"高层"，也有部分学生积极参与到社会实践中，需要和不同类型的人群交往，自然会遇到各种需要表达的情况（沟通发生冲突、需要说服他人等）。宝贵的经历带给学生的不只是实践经验，如果引导学生正确认识社交过程中的沟通问题，便可以帮助学生反思和学习课本中没有的知识，克服自己对作为表达者的担忧和恐惧，提升学生解决复杂问题的综合能力，培养学生发展核心素养。

## 二、班会目的

（1）引导学生认识畏于沟通的原因，分析表达的重要性。
（2）培养学生的表达能力和解决问题的能力。

## 三、班会准备

（1）提前联系参与分享环节的学长，确认分享内容。
（2）提前联系辩论社同学，确认情景剧的内容和商量分享的技巧。

（3）在网上和向学生收集故事素材，并下载相关视频。

## 四、班会过程

第一环节：话题导入

【话题分享】

"You are what you say"，请学生分享对这句话的理解。

人们常常误解这句话的意思是"你说什么样的话你就是什么样的人"，但实际上是人们更多地从你的言论来判定你到底是个什么样的人，进而判断如何与你沟通和相处。

设计意图：激发学生的学习动机和好奇心，通过话题引导学生思考表达的作用。

第二环节：表达者需"上心"

播放视频：主持人马东在《奇葩说》节目中关于"被误会是表达者的宿命吗"主题讨论的视频片段。

问题：表达的目的是什么？为什么马东会这么说？你的理解是什么？

影响沟通的因素有很多，可能是词不达意让人误会，也可能是缺乏自信，不管是什么因素，都有可能成为学生害怕积极表达的原因。因此，组织下列活动让学生分析自己不敢表达的原因。

小活动1：请学生在以下叙述中选出或写出自己不愿意沟通的原因。

"我从小便性格内向，不善表达。"

"当个好好先生，为了不起冲突，不说话最好。"

"我这个人说话不会拐弯抹角，只会直来直去。"

人们常说"童言无忌"，但"童"亦会长大，可以成为一个合格的表达者。因此，沟通与表达不一定是先天便会，后天可以练就，逃避解决不了。欠缺察言观色的敏锐、无法洞悉对方的言外之意、说话欠考虑、伤人而不自知等，在对"表达"一事不在意时，这些都可能是会犯的问题。一旦开始对表达一事"上心"，则会看到更多改变的可能。

设计意图：由名人分享到同辈分享，层层递进，引导学生分析畏于表达的原因。

第三环节：表达者需"走心"

【学长分享】

往届学长分享自己在社团工作中锻炼自己表达能力的经历。

沟通重在拉平二者的关系，让双方都能讲出自己的真实想法，所以我们需要的不但不是刨根问底，反而是要像激流中的划艇者那样，在容易触礁的地方不断协调转向，避免冲撞。在沟通中，"走心"就是你愿意表达、勇于表达，用真诚的态度去交流。

**小活动2**：请学生在以下场景中根据提示讨论如何表达。

场景沟通

**场景1**：在初次见面时：避免隐私，可交流名字的话题。

"你这个名字很少见，别人应该一听就很难忘吧？老师点名时是不是总逃不掉？"

**场景2**：在团体环境时：不要索取信息，而要分享态度。

"唉，我现在感觉时间分配很难，不知道怎么取舍？""你喜欢现在的社团吗？"

**场景3**：在时间紧迫时：引发好奇，将原本紧迫的沟通机会争取扩大。

"关于这件事，如果你不给我时间解释，那就是逼着我说谎话。"

**场景4**：在传递坏消息时："对不起，这事办砸了"是否妥当？

"很遗憾，这事没成功。"代替"对不起，这事办砸了。"

**场景5**：在向他人道歉时采用"蚂蚁搬大象法"：尽可能揽责任，甚至有些夸张都可以。

如古代皇帝的"罪己诏"："不能宣流风化，而感逆阴阳，至令百姓饥荒……"

**设计意图**：通过多种场景思考，引导学生以真诚的态度打开沟通的大门。

**第四环节：表达者需具备说服的力量**

情景剧：邀请辩论社同学演示常见看似"吵架"的场景。

旁白：学生甲为某社团宣传部部长，学生乙为副部长，两人因一个技术问题讨论着，学生丙为社长正在听他们的讨论。

甲：（强势地）这件事和上次差不多，听我的准没错。

乙：可是明明有更好的办法……

甲：（打断乙）不用那么较真儿，认真你就输了！

乙：你这不是说话噎我嘛！

甲：你行你上啊！

乙：上就上，谁怕谁……

问题一：如果你是学生乙，你会怎么做？

问题二：如果你是学生丙，你的心理活动是怎样的？

如果有第三方在场，双方讲道理时则形成你们辩论的局面。讲道理要得到的是旁观者的认同，而不是气势压倒又出口伤人，这样"无理"也"无礼"，便会成为情景剧中"吵架"，不利于共商之事的推进。那么该怎么做才好呢？

【同学分享】

辩论社同学向大家讲解可化解上述场景的技巧。

（1）"这件事和上次差不多，听我的准没错"：找到这次和上次事件的区别只是第一步，接下来别急着全盘否定，而是先表态这事情需要解决，但是按照对方的说法可能会付出多少代价，最后回应道："决定还是得听决策者（第三方）的"。

（2）"认真你就输了"：先确认这句话是在开玩笑还是指一种讨论态度，如果是后者可以先点明后，回应道："我们现在的讨论目的是解决问题，所以讨论就是很认真的一件事。如果我们不认真，干吗在这里浪费时间呢？我不知道认真会不会赢，但我知道不认真一定会输。现在，让我们一起来认真地讨论一下问题吧！"

（3）"你行你上啊"：一般说到这里，氛围会降到"冰点"，可以带点"玩笑"的语气，表明责任范围后，回应道："我就是知道自己不行才没上的，你上了，我还以为你行呢！"或者回应道："如果你想让我上，那你先下来好不好？"

最后，教师总结，其实每个技巧背后都包含着一些解决冲突的思路（就事论事、界定讨论范围和计算损益比），我们可以举一反三，在日常生活中灵活运用。

**设计意图**：通过沟通冲突的场景和同学分享，培养学生思考和解决问题的综合能力。

第五环节：表达者需要综合运用说话策略

最后，教师总结围绕课前的话题点题。观察分析、敢于表达，偶尔还需要幽默的力量，进而综合使用沟通的技巧，如此修炼其实不单单是为了表达。"You are what you say"这句话的背后更是表明"说话之道，也是为人之道"。

**设计意图：**通过总结本节课的最终目的，进而帮助学生认识到表达亦是为人。

## 五、班会延伸

布置班会作业：每个同学挑选日常生活的沟通场景，简要写出如何用到本节课所学的表达技巧。

## 六、班会反思

本次班会课目标清晰，切合学生发展需要。高中生对日常生活的认知基本稳定，要帮助学生重新看待沟通这件事，无法一蹴而就，需要创设一定的情境，通过思辨去芜取菁，进而获取新知。同时，缺乏体验也无法内化成学生的素养，因此设计和鼓励学生参与讨论与分享。沟通与表达的技巧范围较广，班会课时长有限，没法逐一涉及，因此做了课后延伸，引导学生学以致用。

# 快乐分享，成就你我

## ——有关"共享"主题班会

深圳中学　杨忠顺

## 一、班会背景

在物质条件越来越好的时代，父母、亲人对孩子的呵护与关爱到了无微不至的程度。一切以孩子为中心，孩子成了家里的"太阳"，要什么有什么，最好的饭菜让孩子一人吃，电视遥控器由孩子掌控……他们渐渐将分享遗忘。

但人与人之间不是孤立的，需要彼此援助，而关爱别人、与人分享快乐是一种人间的真情交流和心灵沟通，这是社会文明的体现，也是时代进步的标志。因此本次班会旨在重新找回人类生命意识中那颗本应有的分享的心。

## 二、班会目标

（1）让同学们学会分享、学会合作，懂得集体智慧的力量，从而更好地适应现代社会。

（2）培养学生分享的美德，让每个学生都能从被动分享走向主动分享。

（3）通过现场对食物、故事与成功经验的分享，体会平等、博爱精神，体会分享的快乐，在班级中形成互相关心、互帮互助的和谐人际关系，增强班级凝聚力。

## 三、班会准备

分享小故事，新疆大饼，小品排练，课件。

## 四、班会过程

### 1. 导入

PPT显示：生活需要分享，快乐和痛苦都要有人分享。没有人分享的人生，无论面对的是快乐还是痛苦，都是一种处罚。

### 2. 感悟分享

（1）欣赏小品《生活中的点点滴滴》

请学生表演两种学习生活中会出现的情况：一、学习中遇到挫折时，互相倾诉、互相开导；二、学会一种新的解题方法，只自己知道。

（2）请学生思考

上面两种情况，哪一种情况是我们该学习的？为什么？

明确：我们可以分享快乐，可以分担忧愁，但都应该分享正面、积极的事情，而不应该怀抱自私的心理去分享负面的东西。

（3）游戏

"分享食物"。每一组只有一个大饼，要求从前往后传递，必须每个人都能品尝到大饼，而且要现场完成。吃完后，请大家谈谈在分享大饼的过程中的想法。

**教师小结：**"食物分享会带来快乐，情绪的分享也是这个道理。两个人分担的痛苦是一半的痛苦，两个人分享的快乐是双倍的快乐。"

**3. 回顾分享**

让每个同学回想过去，不管是对亲人、朋友还是陌生人，自己是否错过了很多，将自己想到的或感悟到的写下来。然后让愿意和全班分享的同学说说自己的故事。

**教师小结：**我们每个人都成长在同一片天空下，经历却有所不同，学会耐心地倾听别人的故事，学会真诚地和别人交流你的想法，分享就会成为快乐的源泉、悲伤的出口、成熟的代名词。

**4. 践行分享**

（1）亲情——回去和父母分享在学校亲身体验或看到的趣事，好吃的和父母一起分享，好玩的和伙伴一起分享等。

（2）友情——和同学分享心中的快乐，分享好的学习资料，分享好的学习方法，分享……

（3）陌生人——结账后，接过店家递过来的物品时，不忘说声"谢谢"，展现你的礼貌；取车时，对保管员师傅表达谢意，表达你的感激。

**教师小结：**生活中没有那么多理所当然的获得和享受。

# 沟通的艺术

## ——有关"沟通，人际交往"主题班会

深圳中学　杨忠顺

## 一、班会背景

不良的沟通是人与人之间产生误解乃至关系紧张的主因。沟通能力需要从小培养，许多家庭父母与孩子沟通不畅，有的父母比较强势，而有的孩子非常霸道，导致孩子从小不懂得如何好好地与人沟通。长大后，孩子会把这种表现带到学校，带到同学中，造成生生之间不能良好地沟通、不能友善地交流，经常出现矛盾，从而同学之间关系紧张，影响孩子的身心发展。因此，让学生形成正确的人际交往态度，学会说话，提高沟通能力，建立良好的人际关系显得尤为重要。

## 二、班会目标

### 1. 知识目标

学会理解，学会尊重，并掌握正确的沟通方法和技巧。

### 2. 情感目标

了解人与人之间是需要沟通的，引导学生从不同角度体会和领悟他人言语的意图，学会理解他人。

### 3. 行为目标

善于与人交流，能与同学、父母良好地沟通。

## 三、班会准备

小纸条，排练情景剧，收集学生中的案例，制作课件等。

## 四、班会过程

第一环节：游戏导入，感悟沟通意义

**1. 小游戏**

传递悄悄话。

**2. 课件展示游戏规则**

（1）每组传一句话。第一名同学上台，记住纸条上的话。

（2）按顺序悄悄传递。第一名同学传给第二名同学，只能说一遍，依次传下去，最后一名同学将自己听到的话写到黑板上。

（3）传话准确快速。游戏过程中听者不允许提问或做记录，速度最快的小组为优胜小组。

（学生板书，反馈。课件展示传话内容：东边彩霞，西边雨；我爱彩霞，不爱雨）

学生分享怎样才能把话传准确。教师总结：沟通是双向的，缺乏交流或沟通不好，会造成交往障碍，要学会沟通，善于交流。

**板书**：学会沟通，善于交流。

**设计意图**：通过"传递悄悄话"的小游戏，调动学生参与课堂的积极性，引导学生体悟：如果沟通不好，很简单的话都能传错。这揭示了人与人之间良好沟通的重要性，让学生明白，只有善于沟通，才能更好地增进彼此间的了解。

第二环节：沟通僵局，剖析深层内因

**1. 与父母的不良沟通**

课件展示：期中考试后，东东兴冲冲跑回家，跟妈妈说："我要……"妈妈回了一句不行，东东觉得特别难受，特别气愤，把门重重一摔，气呼呼地躲进房间，晚饭也没吃。

让学生分享：这样的事情是否在自己身上发生过？你是怎样和父母沟通的？怎样才是正确的沟通方式？

**引导小结**：沟通要以平和的态度，商量的口气，先顺着妈妈，再让她答应自己合理的要求。

**板书**：平和、商量。

**2. 与同学间的不良沟通**

课件展示班里发生的故事：C同学听A同学说B同学在背后骂自己，所以从背后狠狠踹了B同学一脚，C同学振振有词："我不允许别人在背后骂我。"

让同学们分享看法，大家纷纷表示，任何事情要先问清楚，不应该一味地发火，而且要善于沟通，有话好好说。

**教师小结**：了解清楚——沟通的第一个原则。（板书）

老师让学生畅谈良好沟通的条件，教师总结：善于理解，换位思考，以心换心。

**设计意图**：不理解对方，是沟通的最大障碍。填空式的案例呈现，挖掘学生日常的真实状况，让学生明白对抗是最无能、最坏的沟通；从学生日常的生活琐事着手，引导学生感悟人际交往中相互理解的重要性，并通过讨论，明白良好沟通的前提条件。

**第三环节：充分体验，分享沟通技巧**

**1. 耐心倾听，学会等待**

情景剧表演，准备4张纸条，让4名学生按要求表演。

学生甲愁眉苦脸，很沮丧，找到3名同学诉苦：最近好烦，数学不及格，老师训，爸爸打。

学生乙丝毫不感兴趣，一边听一边东张西望。

学生丙：（不耐烦）别烦我，没看我在忙吗？别打搅我，走开走开！

学生丁不停地插嘴，打断甲的倾诉。

最后，甲无可奈何，唉声叹气地走了。

老师请甲同学分享找3名同学倾诉后的感受，然后所有同学讨论、交流。

**教师小结**：耐心倾听也是一种人际沟通的技巧，能让你拥有更多的朋友。

**板书**：耐心倾听。

**2. 讲话艺术，善于沟通**

请同学们为国王解梦，考考你的讲话艺术。

课件展示：有个国王做了一个梦，梦见自己的牙齿一颗颗掉光了。他很不安，传了两个解梦者来解梦。（一个说，不是好兆头，你家人都比你先死，进入大牢；另一个说，是好兆头，你比你家人都长寿，获奖赏）

学生分享：两个解梦者同样的意思，用不同的方式表达的效果是不同的，一个被送入大牢，一个却得到了奖赏，看来讲话是要讲求艺术的。

**板书：**说话需要艺术。

**设计意图：**充分利用情景剧，让学生体验耐心倾听是良好沟通的重要条件。通过为国王解梦，让学生明白沟通时需要讲求艺术。

**第四环节：沟通艺术，心动更有行动**

**1. 寻找沟通能手**

请大家分享身边同学谁的沟通能力最好，他是怎样表现的？

**教师小结：**平时要互相信任，主动沟通；沟通前要了解清楚；沟通时语气要平和、商量；听人讲话时，耐心倾听；与人沟通时，善于理解，换位思考，以心换心。

**2. 我能正确沟通**

教师请大家回忆以前因沟通方式不对，同学之间发生误会的情景，并主动到发生误会的同学面前去沟通。

**设计意图：**通过寻找身边的沟通能手，彰显榜样力量，梳理沟通技巧并运用，使学生能够学以致用，真正掌握沟通的技巧。

**第五环节：分享名言，感悟沟通魅力**

教师出示几条关于沟通的名言，例如：

沟通，是一切成功的源泉。

沟通，是从对方感兴趣的角度开始谈话。

沟通，是_____。

让学生自主完成填空，与大家分享。

**教师小结：**沟通是一切成功的源泉，理解和悦纳才能让心靠得更近，期待我们每一个同学都能成为一名善于交流的沟通能手。

**设计意图：**分享名言环节，分享的不仅仅是别人的名言，更是自我感悟；留空让学生自我填写，更能增进学生的自我认可，落实到行动上。

# 学会沟通，让心靠近

## ——架起心灵沟通的桥梁，携手走向明朗的未来

深圳高级中学东校区　　刘　丹

## 一、活动理念

沟通能力是指一个人与他人有效地进行沟通信息的能力。良好的人际沟通能力是维系良好人际关系的重要保证，也是未来事业成功和生活幸福的必备素质。处于青少年发展关键期的高中生也需要培养良好的沟通能力。中学生的沟通对象主要有父母、老师和同伴。寄宿制学校的高中生与同学相处交往的时间则更多。因而对于高中生，同伴关系（同伴关系主要指年龄相仿或心理发展程度相当的个体在人际交往过程中建立并发展起来的一种关系）是人际关系中的重要组成部分。在寄宿制学校，同伴关系问题尤为突出，这主要是由于刚进入高中的学生不习惯住校和处理同伴关系，并且大都是独生子女，在人际交往方面不懂得换位思考，更谈不上站在对方的角度去理解对方，从而影响跟别人的交往。

## 二、活动背景

在我任教的寄宿制高中学校中，高一学生普遍存在宿舍关系紧张等问题，如小团体、舍友关系僵化等。针对这一问题，我决定通过主题班会活动帮助学生提高对人际沟通的认识，学会如何更好地处理同伴关系，构建一个和谐健康的成长环境。

## 三、活动目的

（1）了解沟通的重要性。

（2）理解语言在沟通中的重要作用，学会恰当地使用语言进行沟通。

（3）掌握有效的沟通行为法则。

## 四、活动准备

（1）写有不同话语的若干纸条。

（2）班会活动PPT制作。

（3）课前收集学生在遇到烦恼和不开心时的情景与心情描述，写在小卡片上装入袋中。

（4）同学的演讲稿准备。

## 五、活动设计

需要解决的核心问题：

（1）引导学生明白与同伴保持良好沟通的重要性。

（2）我们应如何与同伴沟通？

（3）让沟通成为习惯。

（4）分解问题：①在人际交往中，充分沟通很重要；②沟通的时候，语言的重要性；③通过角色扮演，帮助学生学会换位思考和理解。

## 六、活动过程

**第一环节：热身游戏，"雨点变奏曲"**

**1. 时间**

共5分钟，老师引导大家渐渐形成四种声音发出的方式：①"小雨"——手指互相敲击；②"中雨"——两手轮拍大腿；③"大雨"——大力鼓掌；④"暴雨"——跺脚。

教师说："现在开始下小雨，小雨变成中雨，中雨变成大雨，大雨变成暴雨，暴雨变成大雨，大雨变成中雨，又逐渐变成小雨，最后雨过天晴。"随着不断变化的手势，让学生发出的声音不断变化，场面会非常热烈。最后，"让我们以暴风骤雨的掌声结束今天的班会课。"（游戏结束）

**2. 达成目标**

本节班会课涉及同学之间的一些矛盾与问题，通过5分钟的活动热身激发兴趣，活跃课堂气氛，同时感悟班级的团队力量。

**第二环节：激趣导入，体会沟通的重要性**

解决分解问题①：人与人之间沟通的重要性。

解决分解问题②：在沟通中，语言的重要性。

**1. 活动规则**

全班分为6组，一竖列为一组。讲台上放着写有不同话语的不同纸条，各组第一名同学记住纸条上的一句话，听到"开始"的指令后，悄悄地将这句话传给第二名同学，声音要小，可以用表情和手势来表现，不能让下一个人听见。每人只能说一遍，第二名传给第三名……依次传下去，直到最后一名同学将自己听到的话复述出来。

**2. 思考讨论**

为什么一句话传来传去就变了呢？怎样才能避免这样的事发生？

**3. 达成目标**

我们今天的活动主题就是沟通。沟通是人与人之间的交流表达。在生活中，人与人之间需要沟通，不仅要有沟通内容，还要有好的沟通方式。

**第三环节：角色互换，体味人生百态**

解决分解问题③：通过角色扮演，帮助学生学会换位思考和理解。

**1. 活动规则**

① 随机请班上10名同学从课前准备好的小卡片中随机抽取一张，角色互换，表演出卡片上写的情景和情绪。②采访演员：让表演的同学谈一谈表演时的感受。采访A同学：通过表演，处于这样的情景和情绪下，你希望有同伴能理解你吗？③问题讨论：A同学表演的情景，你有过吗？如果你处于那样的情景和情绪下，你希望得到同伴的理解吗？

**2. 达成目标**

在人际沟通中，成为一个受欢迎的人的前提就是要学会换位思考。用心倾听对方所传达的信息，用心理解对方的心情，既是一种尊重别人的态度，也是一种自我修养，会帮助我们拥有更多的朋友，赢得好人缘。

**第四环节：总结升华，君子以厚德载物**

**1. 活动规则**

请学生就"沟通"发表演讲。

**2. 达成目标**

希望通过同学们就沟通谈自己的感受，来为本课进行总结升华，在同学们心中形成沟通的意识，逐渐培养沟通的习惯。

## 七、教师寄语

在今后的学习生活中，多一些交流，少一些隔阂；多一些沟通，少一些误会；多一些快乐，少一些烦恼。让我们的心彼此靠近，成为相亲相爱的一家人。

## 八、活动反思

本节课根据高中学生的认知特点，以活动体验为主线，采用热身活动、情景表演、演讲等方式让学生感悟到沟通的重要性，从而掌握主动沟通的技巧。在活动中，学生认真思考、积极参与，活动氛围轻松、融洽、和谐。在活动的结尾，学生的演讲会引发全班同学的思考。通过本节课的学习，希望能够激发学生成长的动力，使学生领悟到：人与人之间的沟通交往其实并不难，只要用心，欢笑与友情就会伴随左右。

# 从心开始，用爱沟通

深圳中学　杨忠顺

## 一、活动背景

中学生尤其是到了高中的学生，在生理上已经进入青春期，但心理还不成熟，自我意识增强，总有摆脱家长监护的愿望，因此与家长、老师的矛盾冲突日益增多。我们班的很多同学与父母关系紧张，不愿意与父母交流，有的甚至对父母的唠叨忍无可忍，为此我特意设计这节主题班会课。

## 二、活动思路

本课以亲情感动贯穿整个班会课主题。遵循教育生活化的理念，通过有效的活动挖掘学生的情感体验。

## 三、活动目标

### 1. 知识目标

让学生懂得亲情的珍贵，理解父母的心情和心理。

### 2. 情感目标

懂得用真诚的交流创建良好的亲子关系。

### 3. 行为目标

增进与父母沟通的意识，掌握一些与父母交流沟通的技巧。

## 四、活动准备

（1）邀请家长参加，请3位家长准备养育孩子的故事。

（2）课前请学生每人写一篇心情作文《爸爸妈妈，请听我说》。

## 五、活动过程

**第一环节：明明白白我的心——亲子游戏**

请5对学生与家长上台，学生和家长背靠背站立，先请家长在黑板上写出自己及孩子的生日、爱吃的食物、喜欢的颜色等。然后让学生回答，看双方有多少相同的答案。游戏完毕，请参加游戏和没有参加游戏的同学谈感受。

**设计意图：**通过亲子游戏的强烈对比，学生可以感悟：父母对孩子的点点滴滴牢记心头，而孩子却对父母的生日、爱好了解甚少，从而激发学生对父母的爱。

**第二环节：月亮代表我的心——孩子，请听我说**

请3位家长讲述养育故事，从十月怀胎到一朝分娩，从嗷嗷待哺到上幼儿园、小学、初中、高中，体会每个孩子的身上都倾注了父母很多心血。这一环节，让学生从不同的角度感受父母之爱，然后请学生谈谈和父母在一起最感动的一件事。

**设计意图**：在充分情感的铺垫下，学生也有了向父母倾诉情感的欲望。由此进入。

**第三环节：悠悠寸草心——爸爸妈妈，请听我说**

爱，从来不是单行线。在理解了父母的爱之后，还要让家长理解孩子，给对方一个情感的宣泄口。请学生读周记——《爸爸妈妈，请听我说》。在真情的诉说中，有的学生表达对父母的感恩之情，而更多的孩子则说出了和父母之间的沟通困惑，"我知道爸爸妈妈很爱我，但是，当我考试成绩不理想，你们总会严厉地责备我""当我满腹心事想找你们倾诉时，你们忙于工作，根本无暇顾及我的感受。虽然你我咫尺，却似天涯之远；虽然我们面对面，却无言以对"。

**设计意图**：听了孩子们的真情诉说，家长感慨颇多，也明白了自己在亲子沟通方面的不足，从而激发家长反思感悟。

**第四环节：心相印、情相牵——父母寄语**

此时，班主任提议：家长和子女手牵手，给对方一个热情的拥抱，互相说一句：我爱你！请家长在卡片纸上给孩子写一句寄语，贴在班级的"同心圆"里，激励孩子快乐成长。

**设计意图**："同心圆"也寓意家长和孩子心相印、情相牵，同心构建和谐的亲子关系。

**第五环节：教师总结课后延伸**

教师深情总结："树欲静而风不止，子欲养而亲不待。"父母的养育之恩如涓涓细流滋养着孩子。从现在开始，在接受爱的同时也学会回报爱，用心交流，以爱沟通，亲人之间还有什么矛盾大得过父母博大无私的爱呢！

**设计意图**：今天回家后，请同学们都和父母面对面地交流心声，用周记的形式记录下来。课后推荐学生阅读冰心的诗集《繁星》，写一首诗表达你对父母的感恩之情。

# 学会赞美，健康成长

## ——用赞美点亮同伴生活，照亮自己心田

深圳高级中学东校区　刘　丹

## 一、活动理念

根据皮亚杰的认知发展理论，青少年容易形成自我中心主义，主要表现在：假象观众和个人神话。假象观众指的是青少年夸大他人对自己的关注；个人神话指的是认为自己的命运和信念与众不同，认为自己是最独特的。即处于青少年时期的高中学生已形成强烈的自我意识，比较关注自己在他人心中的印象，希望能够得到同伴的肯定和欣赏。缺乏同伴欣赏的青少年常常陷入痛苦和孤独。

## 二、活动背景

在所任教的几个班级中，我发现同学之间很少相互赞美，有时想赞美又羞于开口，有时想夸夸同学但又没有正确的方式和方法；同学之间没有感受到来自同伴的认可、支持和鼓励，甚至同学之间出现不文明的现象，非但不会赞美，反而贬损、侮辱。针对这一问题，我决定开展"学会赞美，健康成长"这一主题班会。

## 三、活动目的

（1）认识赞美的作用，体验赞美和被赞美的快乐。

（2）学习赞美他人的方法和原则，学会真诚赞美他人。

（3）学会用欣赏的眼光看待他人，改善班级不文明风气，创建和谐成长

环境。

## 四、活动准备

（1）制作视频《夸人与被夸》，并剪辑。

（2）下载视频《秒懂百科：一分钟了解夸夸群》，并剪辑。

（3）班会活动PPT制作。

## 五、活动设计

### 1. 需要解决的核心问题

（1）引导学生明白：为何要赞美他人？

（2）如何赞美他人？

（3）让赞美成为习惯。

### 2. 分解问题

（1）被人赞美，你的心情如何？

（2）在人际关系中，因赞美他人，你有过沟通更顺畅的经历吗？

（3）赞美他人时抱有什么样的心态？

（4）赞美他人时可以采用哪些技巧？

（5）尝试赞美那些不起眼的小事。

（6）让赞美取代嘲讽。

## 六、活动过程

第一环节：说出你的故事

### 1. 问题引领

诗歌朗诵，感悟赞美。

> 忧郁的朋友有了赞美，眼里的天空会突然蔚蓝
>
> 起来，枯燥的生活会一天天丰富；
>
> 自卑的朋友有了赞美，困难和挫折变得渺小起
>
> 来，胆怯抛到了脑后，信心和勇气都会倍增。
>
> 赞美，是一缕阳光，感动你我，温暖人心。

赞美，如同一支歌，奏出和谐悦耳的乐章。

赞美，如同一首诗，优美而典雅，陶冶情操。

赞美，如同一条涓涓的细流，滋润人们的心田。

赞美，是一种艺术，营造出积极上进的氛围。

赞美，又是一种进步的动力，鼓励和鞭策人们

不断攀登新的高峰。

赞美就是一种力量！

让我们真诚赞美，做快乐少年！

解决分解问题（1）：被人赞美，你的心情如何？

解决分解问题（2）：在人际关系中，因赞美他人，你有过沟通更顺畅的经历吗？

**2. 活动规则**

播放提前准备好的校园采访《夸人与被夸》（此视频需要在班会前进行校园采访，采访的问题有：你今天有没有被同学或老师夸赞？心情如何？你今天夸同学了吗？夸完同学，他开心吗？）

**3. 达成目标**

引导学生换位思考，从自己的心理欲望去了解别人的心理欲望。让学生明白对赞美的需要是人的本性。尤其是处于青春期的高中生，比较关注自己的容貌、成绩和能力等在同学心中的分量。赞美可以为同学创建一个健康和谐的成长环境。而且，赞美是每个人在人际关系中的重要能力。

**第二环节：夸夸群的神奇魔力**

**1. 问题引领**

播放视频《秒懂百科：一分钟了解夸夸群》

解决分解问题（3）：赞美他人时抱有什么样的心态？

解决分解问题（4）：赞美他人时可以采用哪些技巧？

**2. 活动规则**

播放视频《秒懂百科：一分钟了解夸夸群》。2019年12月16日，"夸夸群"入选"2019年度中国媒体十大新词语"。一些电商平台商家推出了"夸人服务"，花钱能购买到各种花式称赞。如：有同学午睡起晚了，也会有人夸

赞"睡眠真好"以及"对自己身体好一点"。有人提出"学习了一下午，求夸"，便会有群友夸赞"能抵制住外界的诱惑而认真学习，说明您是一个自制力很高的好孩子"。比如说×××大学社会学院一个大三学生，不小心把啤酒倒在了书包上，在夸夸群求夸，得到的夸赞让她意想不到："背上带酒味的包挤去上课，你就是整条街最醉人的仔。"通过视频抓住夸夸群中将夸赞利益化的特点。

提问学生："能花钱买到的赞美是一种抱着什么心态的赞美？""被夸得云里雾里，能得到真正的快乐与自我满足吗？""你最需要什么样的赞美？"提问学生：2019年12月16日，"夸夸群"入选"2019年度中国媒体十大新词语"也表明了夸一夸在人们生活中巨大的能量，让人容易陷入其中。那么，夸夸群到底有什么神奇魔力？夸夸群的存在有其合理性及其夸赞有技巧。通过视频学生总结：赞美具体，与自己对比，深度挖掘优点等。

**3. 达成目标**

让学生认识到赞美是一种真诚的为人态度，赞美他人必须发自内心，切合实际，不假意，不敷衍。除了真诚的态度外，赞美他人还需要技巧。

**第三环节：优点大轰炸**

**1. 问题引领**

同学们，你们掌握了一定的赞美技巧，就真的会赞美了吗？

解决分解问题（5）：尝试赞美那些不起眼的小事。

解决分解问题（6）：让赞美取代嘲讽。

**2. 活动规则**

真诚地、认真地看着你的同桌，抓住值得夸赞的优点，大声地说出你的赞美，一个优点说出三种表达赞美的话，同桌评出体验最好的一种表达和听起来有歧义或像嘲讽的表达，并写下来。完成后，互换角色。

**3. 达成目标**

让学生体会赞美技巧的重要性。赞美道路千万条，措辞第一条，不要让对方感觉到有嘲讽之意。通过这样慢慢改变学生不会赞美或者"开口无好言"的毛病，真正学会赞美和欣赏他人。

## 七、活动反思

此次活动由班级存在的问题而引发，以青少年发展心理的规律为理论基础，引导同学们重新认识赞美、学会赞美，共同创建一个健康的班级学习成长氛围。本次活动准备充分，调动了同学参与的积极性。美中不足的是，第三部分活动中，选取同桌之间相互夸赞，同学们略有不好意思，如果调整为随机排列两名同学一起搭档，效果可能会更好。视频播放过程中出现一点小问题，也及时妥善地处理。

# 欣赏是一种美德

深圳中学　杨忠顺

## 一、活动背景

对中小学生而言，是否拥有良好的人际关系，是他们校园生活是否快乐幸福的关键，更是关系着他们能否健康成长的大事。现代社会竞争激烈，唯我独尊、自私自利心理，让学生之间的人际关系状况令人担忧，也不利于班级团结，于是我设计了"欣赏是一种美德"这节主题班会。

## 二、活动目标

（1）通过赞美同伴，培养和增强学生的自信心。

（2）赞美他人，学会欣赏他人，同时也感受被同伴欣赏的快乐。

（3）增强班级凝聚力。

## 三、活动准备

星光接龙游戏纸盒，几个小故事，制作课件。

## 四、活动过程

### 第一环节：游戏导入，学会欣赏

从每组的第一个同学开始，向后面的一个同学说："你真棒，因为……"

要求：称赞他的优点并讲出你欣赏他的原因。可以从学习、特长、衣着、助人为乐以及其他方面去赞美，但要符合事实。可以用具体、生动的例子，阐述为什么欣赏他。

每个人都喜欢被欣赏，被赞美。请同学们想一想怎样的同学是受人欣赏的?

### 第二环节：欣赏他人，取长补短

故事分享：高尔基受到屠格涅夫的欣赏后成为伟大的文学家、思想家的故事。

善于发现，勇于表达。心理学研究表明，欣赏别人的哪一方面，自己就会在哪一方面得到发展。

星光接龙游戏，写出别人最大的优点。

### 第三环节：欣赏自己，不断进步

分享爱因斯坦和他的小板凳的故事。学生讨论总结：欣赏自己，保持信心，这才是对待困难和失败的正确态度。

### 第四环节：欣赏生活，保持热情

课件分段展示三个建筑工人的故事，让同学们猜一猜三个建筑工人的职业发展。讨论总结：我们要学会欣赏自己所做的事情的美丽之处，这样我们才会迸发出无穷的激情，才会在这个过程中享受到无穷的乐趣，而乐趣和热情是成功最大的动力。

**班会小结**：重温卡耐基的一句话："一个人事业上的成功，只有15%是由于他的专业技术决定的，另外的85%要依赖人际关系、处世技巧。"在生活和学习中，多一点欣赏，少一点冷漠；多一点合作，少一点纷争，不仅能"莫愁前路无知己"，还会获得生活的幸福，事业的成功。

# 诚信： 不欺己不欺人

## 擦亮诚信的名片

深圳中学　杨忠顺

### 一、活动背景

诚信是人类的普遍道德要求，是中华民族的传统美德，是培育和践行社会主义核心价值观的重要内容。教育部2015年修订的《中小学生守则》中第六条明确要求："诚实守信有担当。保持言行一致，不说谎不作弊，借东西及时还，做到知错就改。"

高中阶段是人生中重要的阶段，而高一是起始阶段。迈好高中第一步，将为今后的学习与生活打下坚实的基础。但高一学生对诚信的重要性体会不深，有些同学言行不一，平时抄作业，考试作弊，欺骗老师、家长和同学的情况时有发生。为了培养高中生诚信的品质，学校应当加强诚信教育，引导学生在学习、生活中做一个讲诚信的人，继承和发扬中华民族诚实守信的传统美德。

### 二、活动目标

（1）认识诚信的内涵，进一步知晓诚信的基本要求和行为规范。

（2）理解诚信对于自身发展的重要意义，增强对他人、对家庭、对社会讲诚信的责任感。

（3）传承和弘扬中华民族诚实守信的美德，从身边事做起，用实际行动擦亮诚信的人生名片。

## 三、活动准备

对学生做诚信调查，收集诚信小故事和诚信小诗，制作课件。

## 四、活动过程

**第一环节：游戏导入，体验诚信意义**

活动开始，师生玩石头剪刀布游戏，老师每次都会告诉学生自己出什么，第一次是对的，后四次都误导，导致学生输掉比赛。之后，让学生谈感受，引出"诚信"。

**设计意图：**皮亚杰认为，游戏是思考的一种表现形式。通过营造一种轻松、开放、安全的环境，激起学生对活动内容的兴趣。石头剪刀布是常见的游戏，创设"误导"过程，让学生体验遭遇不诚信时的心情，激发学生的深刻体会。

**第二环节：寻找诚信，点击自我表现**

（1）让学生说说诚信，谈谈自己的理解。——挖掘学生已知的概念及自我理解。

（2）展示课前的诚信调查，说说感受。——透视学生对这一概念的敏感度及对诚信的看法。

（3）让学生谈谈这些诚信现象有没有发生在自己身上，自己是怎么做的。——深入了解学生在践行这一行为中的具体表现，是否知行统一。

（4）谈谈自己的不诚信表现，是否给自己带来麻烦和困惑。——了解学生身边的教育监督情况及诚信环境。

（5）讨论"小节无害"这个概念。——了解学生诚信概念的形成过程。

**设计意图：**构建主义认为，学习具有主动性，需以原有的经验为基础，通过与外界的相互作用来建构新的理解。本环节利用对话和提问，寻找到更贴近学生实际的素材，挖掘学生对诚信的理解，引导学生形成正确的自我认识。

**第三环节：经典案例，剖析诚信价值**

利用一则《借钱不还》的小故事，采用"出现一段文字，猜测下一段"的悬疑呈现方式，让学生去"经历"因不诚信而失去了信任，痛改前非重新赢得信任的故事，让学生感受诚信的价值。

**设计意图：** 本环节构建一个"身临其境"的模式，让学生置身其中，去经历、猜测、验证，借助他人的帮助、协作、交流及内心的感悟，获得新的理解。

**第四环节：两难问题，引发学生思辨**

就身边的不诚信，说说得失。如：看到地上有许多钱，而自己正缺钱；不小心弄坏了班级的物品，没有其他人发现；考试时，好朋友遇到难题求助；测验成绩不理想，严格要求父母签字。学生讨论回答后，呈现与学生结果不一样的真实访谈，让学生看到自己是否真正做到了诚信。导出核心结论：诚信没有侥幸，只有始终如一。

面对真实问题，如何诚信。如遇到以下问题，你会如何做：一天，你独自在家，门外有人敲门，说是你爸爸的朋友；你借了同学的东西，弄丢了；同桌经常在课上玩手机，请你帮忙隐瞒；你欠了别人（银行）很多钱。

通过讨论，形成心得：诚信也要先做判断，再行动；要学会拒绝诱惑；要从点滴做起，信任无价；等等。

**设计意图：** 美国心理学家、教育家布鲁纳认为，教育要为学生提供一个现实世界的模式，并借此解决生活中的一切问题。本环节利用类似现实的情境，解决学生生活中遇到的问题。让学生把自己在现实中的思想顾虑和内心挣扎毫无保留地呈现出来，通过实际对比，进行自我反思，得到提高。

**第五环节：形成约定，做一个诚信的人**

呈现一首诚信小诗，在诗的结尾，预留空白，让学生填写一句自己对诚信的感悟。并选取学生精彩的感言，串成另一首诚信小诗，让学生有感情地朗读，内化知识。

**设计意图：** 认知学习理论认为，学习是由顿悟而实现的，是知觉的重新组织。源自学生的诚信感言，有助于提升学生的认同感，让他们看到方向，明白如何去解决。

**第六环节：落实行为，为梦想而坚持**

对照诚信小诗，看看自己做到了几点，在"诚信标尺"上标出需要改进的几点。最后组建班级梦想监督团，实行奖励机制，利用"诚信卡"，评比"诚信之星"等方式开展，进行落实，实现梦想计划。

**设计意图**：行为改变是从认识到改变的过程，经历改变消除不合适的行为，从被动到主动，需要一个强化监督的过程。本环节，从填写"梦想标尺"到梦想监督，实现带币制的奖励机制，为促进学生后续行为的改变，建立了长效机制，保障了教学活动的有效性。

# 诚信立起，德行天下
## ——诚信教育主题班会

深圳高级中学东校区　张培兰

## 一、班会背景

在现代社会，诚信是一个道德范畴，是公民的第二个身份证，是日常行为的诚实和正式交流的信用的合称。"诚信"是我国社会主义核心价值观在个人层面的一个基本准则。人无信而不立。诚信立起，德行天下。诚信即诚实守信，是人类社会千百年传承下来的道德传统，也是社会主义道德建设的重点内容，它强调诚实劳动、信守承诺、诚恳待人。在学校中，抄袭作业、考试作弊等失信行为屡禁不绝；在生活中，也有许多学生存在失守诺言等情况。

## 二、班会目的

（1）通过收集"诚信"的出处和典故，让学生意识到诚信是人类社会千百年传承下来的道德传统。

（2）通过对比诚信和失信行为及其结果，意识到诚信的重要性。

（3）明确学生在学习阶段要履行的诚信行为。

## 三、班会准备

（1）构思班会课的目的与框架，设计"追古溯源谈'诚信'""'诚信'
与'失信'""谈一谈我们"三个板块。

（2）安排一部分学生事先收集关于诚信和失信的典故。

（3）准备诚信誓词。

（4）整合与衔接。

## 四、班会设计

**1. 需要解决的核心问题**

（1）什么是诚信？

（2）诚信的意义是什么？

（3）学生应该如何讲诚信？

**2. 分解问题**

（1）诚信的含义及出处是什么？

（2）关于诚信和失信的典故有哪些？

（3）诚信的作用是什么？如果失信，会有怎样的后果？

（4）如何看待"善意的谎言"？

（5）作为学生，容易有哪些不诚信的行为？

（6）为何会有这些行为？如何克服？

## 五、班会过程

**第一环节：追古溯源谈"诚信"**

**1. 问题引领**

课件播放"诚信"的含义及出处，让学生分享他们收集到的关于诚信和失
信的典故。

解决分解问题（1）：诚信的含义及出处是什么？

解决分解问题（2）：关于诚信和失信的典故有哪些？

**2. 相关资料**

（1）"诚信"的含义及出处

诚的含义："诚"，是儒家为人之道的中心思想，立身处世，当以诚信为本。宋代理学家朱熹认为：诚者，真实无妄之谓。"诚"是一种美德。《名人名言》："诚即天道，天道酬诚。"言行须循天道，说真话，做实事，反对虚伪。意思为诚实。

信的含义：《说文解字》认为"人言为信"，程颐认为"以实之谓信"。可见，"信"不仅要求人们说话诚实可靠，切忌大话、空话、假话，而且要求做事也要诚实可靠。"信"的基本内涵就是信守诺言、言行一致、诚实不欺。

"诚"主要是从天道而言，"信"主要是从人道而言。故孟子曰："诚者，天之道也；思诚者，人之道也。"

"诚"与"信"作为伦理规范和道德标准，起初是分开使用的。最先将"诚"与"信"连在一起使用的是《逸周书》："成年不尝，信诚匡助，以辅殖财。""父子之间，观其孝慈；兄弟之间，观其友和；君臣之间，观其忠愚；乡党之间，观其信诚。"这里的"信诚"实际上表达的是"诚信"的意思。也就是说，从一般意义上，诚信是指诚实不欺，讲求信用，强调人与人之间应该真诚相待。

（2）诚信的典故

①中华诚信美德代言人关公之夜读《春秋》。

徐州兵败后，关公与曹操约法三章，暂居曹营。曹操敬重关公，为了笼络他，赐给他珍贵物品，关羽却拒之不受；几日一宴请，关羽从不乱吃喝；给关羽大宅，关公却将内宅分给老兵，自己住外间；派多名美女侍奉他，他却叫美女去服侍嫂子。曹操无法，安排刘备的两个夫人和关公同居一屋室。关公仍不动色，秉烛独坐在门外，专心致志读《春秋》，通宵达旦，毫无倦色。曹操想通过美色来诋毁关公，从而达到要挟逼其就范的目的。自古"英雄难过美人关"这句话在关公身上失去了作用。

关公夜读《春秋》，通宵达旦，给出三个信息：一是关公面对美色坐怀不乱，二是通宵甘做两个嫂嫂的守护卫士，三是《春秋》儒学道义对关公定力的影响。反映出的实质就是：不仅仅是关公对皇兄忠义的承诺，更反映出关公诚实守信的品质本性。这一天性经《春秋》儒学道义的熏陶，升华成华夏民族最宝贵的忠义诚信的道德典范，千古流传，成为中华民族的传统美德。

②曾参杀猪。

曾参，春秋末期鲁国有名的思想家、儒学家，是孔子门生中七十二贤之一。他博学多才，且十分注重修身养性，德行高尚。

一次，他的妻子要到集市上办事，年幼的孩子吵着要去。曾参的妻子不愿带孩子去，便对他说："你在家好好玩，等妈妈回来，将家里的猪杀了煮肉给你吃。"孩子听了，非常高兴，不再吵着要去集市了。这话本是哄孩子说着玩的，过后，曾参的妻子便忘了。不料，曾参却真的把家里的一头猪杀了。妻子看到曾参把猪杀了，就说："我是为了让孩子安心地在家里等着，才说等赶集回来把猪杀了烧肉给他吃。你怎么当真了呢？"曾参说："孩子是不能欺骗的。孩子年纪小，不懂世事，只得学习别人的样子，尤其是以父母作为生活的榜样。今天你欺骗了孩子，玷污了他的心灵，明天孩子就会欺骗你、欺骗别人；今天你在孩子面前言而无信，明天孩子就会不再信任你，你看这危害有多大呀！"

（3）失信的典故

### 狼来了

从前有个放羊娃，每天都去山上放羊。一天，他觉得十分无聊，就想了个捉弄大家寻开心的主意。他向着山下正在种田的农夫们大声喊："狼来了！狼来了！救命啊！"农夫们听到喊声急忙拿着锄头和镰刀往山上跑，他们边跑边喊："不要怕，孩子，我们来帮你打恶狼！"农夫们气喘吁吁地赶到山上一看，连狼的影子也没有！放羊娃哈哈大笑："真有意思，你们上当了！"农夫们生气地走了。第二天，放羊娃故伎重演，善良的农夫们又冲上来帮他打狼，可还是没有见到狼的影子。放羊娃笑得直不起腰："哈哈！你们又上当了！哈哈！"大伙儿对放羊娃一而再，再而三地说谎十分生气，从此再也不相信他的话了。过了几天，狼真的来了，一下子闯进了羊群。放羊娃害怕极了，拼命地向农夫们喊："狼来了！狼来了！快救命啊！狼真的来了！"农夫们听到他的喊声，以为他又在说谎，大家都不理他，没有人去帮他，结果放羊娃的许多羊都被狼咬死了。

**3. 达成目标**

解读"诚信"二字，让学生分享诚信和失信典故，让他们意识到诚信是人类社会千百年传承下来的道德传统，也为接下来的分析环节做准备。

第二环节："诚信"与"失信"

**1. 问题引领**

把学生分成两组，分别探讨并总结诚信的作用和失信可能带来的后果。引导学生思考：为何会有失信行为？是不是所有的事情都必须做到百分之百的诚信，如何理解"善意的谎言"？

解决分解问题（3）：诚信的作用是什么？如果失信，会有怎样的后果？

解决分解问题（4）：如何看待"善意的谎言"？

**2. 相关资料**

（1）诚信的作用

立人之本："人而无信，不知其可也。"孔子认为人若不讲信用，在社会上就无立足之地，什么事情也做不成。

齐家之道：唐代著名大臣魏徵说："夫妇有恩矣，不诚则离。"只要夫妻、父子和兄弟之间以诚相待，诚实守信，就能和睦相处，达到家和万事兴的目的。若家人彼此缺乏诚信、互不信任，家庭便会逐渐四分五裂。

交友之基：只有"与朋友交，言而有信"，才能达到"朋友信之"，推心置腹、无私帮助的目的。否则，朋友之间充满虚伪、欺骗，就绝不会有真正的朋友，朋友是建立在诚信的基础上的。

为政之法：《左传》云："信，国之宝也。"指出诚信是治国的根本法宝。孔子在足食、足兵、民信三者中，宁肯去食、去兵，也要坚持保留民信。因为孔子认为"民无信不立"，如果人民不信任统治者，国家朝政根本立不住脚。因此，统治者必须"取信于民"，正如王安石所言："自古驱民在信诚，一言为重百金轻。"

经商之魂：在现代社会，商人在签订合约时，都期望对方信守合约。诚信更是各种商业活动的最佳竞争手段，是市场经济的灵魂，是企业家的一张真正的"金名片"。

心灵良药：古语云："反身而诚，乐莫大焉。"只有做到真诚无伪，才可使内心无愧，坦然宁静，给人带来最大的精神快乐，是人们安慰心灵的良药。人若不讲诚信，就会造成社会秩序混乱，彼此无信任感，后患无穷。正如《吕氏春秋·贵信》所说，如果君臣不讲信用，则百姓诽谤朝廷，国家不得安宁；做官不讲信用，则少不怕长，贵贱相轻；赏罚无信，则人民轻易犯法，难以施令；交友不讲信用，则互相怨恨，不能相亲；百工无信，则手工产品质量粗糙，以次充好，丹漆染色也不正。可见，失信对社会的危害是何等大呀！

综观而言，诚信对于自我修养、齐家、交友、经商以至为政，都是一种不可或缺的美德。可见，诚信在人类社会中是非常重要的。

（2）失信的后果

对于个人，可能会无法在社会立足、缺失朋友、家庭不和谐，甚至会危害社会，如新冠肺炎期间，个人瞒报出行信息可能会导致非常严重的后果。

对于政客和商人，除了会影响自己的政治前途和商业前途，更重要的是可能会给人民带来无法挽回的伤害，如三聚氰胺事件。

现在社会逐步建立个人征信系统，个人征信有问题，除了影响自己的生活外，甚至会危及家人，影响孩子上学等。

（3）善意的谎言的理解

理解善意的谎言是美丽的。这种谎言不是欺骗，也不是居心叵测，当我们为了他人的幸福和希望而适度地扯一些小谎的时候，谎言即变为理解、尊重和宽容，且具有神奇的力量，没有任何的不纯洁。

善意的谎言是出于美好愿望的谎言，是人生的滋养品，也是信念原动力。它让人从心里燃起希望之火，也让人确信世界上有爱、有信任、有感动。

善意的谎言能让人找到更多笑对生活的理由。善意的谎言是赋予人类灵性，体现情感的细腻和思想的成熟，促使人坚强执着，不由自主去努力、去争取，最后战胜脆弱，绝处逢生。

善意的谎言具有神奇的力量，它可以鼓舞你一次一次继续努力，为了心中的梦想绝不轻言放弃。因为未来的道路完全被欢乐的心情照亮，生活会因此变得更加美好。

父母一句善意的谎言，让涉世不深的孩子脸若鲜花，灿烂生辉；老师一句善意的谎言，让彷徨学子不再困惑，更好成长；医生一句善意的谎言，让恐惧的病人由毁灭走向新生……善意的谎言不会玷污文明，更不会扭曲人性。

**3. 达成目标**

让学生思考诚信的意义，树立诚信意识，深刻意识到诚信对个人和社会而言是不可或缺的。同时不要有侥幸心理，为了自己的利益去做失信的事情，损坏他人利益。当然，也要让学生学会正确看待"善意的谎言"，辩证看待生活中的诚信与失信。

**第三环节：谈一谈我们**

**1. 问题引领**

让学生匿名写一下自己在学习和生活中有哪些常见的不诚信行为，并在后面备注原因。老师针对普遍问题引导学生讨论，一起寻找解决问题的方法。结尾之处，全班同学一起宣誓，做诚信之人。

解决分解问题（5）：作为学生，容易有哪些不诚信的行为？

解决分解问题（6）：为何会有这些行为？如何克服？

**2. 相关资料**

诚信誓词

诚信，从我做起，从小事做起，从身边做起。今天，在鲜艳的五星红旗下我们庄严宣誓：热爱祖国，热爱班级，尊敬师长，孝敬父母，为人诚实，讲究信用，言行一致，信守诺言，内诚于心、外信于人。我们做到不说谎、不抄袭、不作弊、不隐瞒自己和他人的错误，有错就改。我们努力学习科学文化知识，积极参与社会实践，做一个对他人有帮助，对社会有益、有贡献的人。

宣誓人：

年　月　日

**3. 达成目标**

通过匿名写字条，能让学生勇于反思自己的行为以及行为背后的原因，意识到平时作弊、抄袭作业、不懂装懂的行为是错误的，应当改正。通过宣誓，在形式上给予学生仪式感，感情升华。

## 六、班会反思

诚信教育是学校最重要的德育内容，要让学生从心底改变，活动上要让学生参与，形式上要有仪式感。因此，像诚信故事、失信故事都可以让学生去整理分享。另外，建议班主任再准备一些关于"诚信"与"失信"的更贴近学生生活的故事或视频，以激发学生的学习兴趣。

及时更当勉励

# 心怀梦想，量"励"而行

## ——有关"梦想"主题班会

深圳中学　杨忠顺

## 一、班会背景

每个人都有理想和追求，都有自己的梦想，我们国家也有自己的伟大梦想，那就是"中国梦"。实现中华民族的伟大复兴是全体中国人的夙愿。国家的梦想能否实现，取决于我们每一个人的梦想能否实现。

高一学生来到新的学校，在新的征程开始之际，我们应唤起学生心中的美好梦想，让他们对学习、对高考有更清晰的认识，为高二、高三做好准备，让他们明白梦想并非遥不可及，梦想其实触手可及，勇敢地追逐梦想，坚定地行动，鼓励他们用非凡的努力实现梦想、成就人生！

## 二、班会目标

（1）激发学生心中的美好梦想，激发学生实现梦想的动力。

（2）让学生懂得"年轻无极限"，增强学生实现梦想的信心。

（3）指导学生初步体会"表现原理"与"积极心理学"在追梦中的作用。

## 三、课前准备

《出彩中国人》《激情唱响》的视频剪辑，梦想计划书（红色小本子），四人小组小题板。印制"梦想调查表"，初步了解学生的少年梦。收集整理资料，制作课件。

## 四、班会过程

**第一环节：筑梦，新起航**

教师提问：同学们，你们有过梦想吗？（学生纷纷表示有）

教师：愿意晒晒自己的梦想吗？据统计，愿意拿出来晒的梦想，实现的概率可以提升一倍。今天我们都要晒晒自己现在的梦想，让老师和同学见证我们的梦想。

课件展示：

丑小鸭的梦想是——变成天鹅；癞蛤蟆的梦想是——吃天鹅肉。

我的梦想是——成为首届最具风采班主任。请三名同学分享自己的梦想。

课件展示："梦想还是要有的，万一实现了呢！"——马云。让学生分享对这句话的感悟。

**引导小结：**人需要梦想，有梦想就有成功的一天。

**设计意图：**利用谈话的方式，引入梦想，让学生谈梦想，激起学生对梦想的渴望。出示马云的话，这种简单而又有道理的短句，传递给学生一个最朴素而又有哲理的道理，也奠定了本节课轻松又引人思考的基调。

**第二环节：真梦，要分享**

请同学们完成小调查。

（1）我曾有梦：年幼时，亲人们问你长大后要做什么，自己经常回答的答案是什么？

（2）我仍敢梦：描述一下自己40岁时的工作、家庭、生活状态。

（学生用2分钟在"梦想调查表"上写出答案，然后请3名同学分享梦想）

**教师小结：**有梦想，需要坚持，只有永不放弃，才能最终实现梦想。

设计意图：有梦想才有行动目标，每个人都有梦想，用调查表的形式把梦想清清楚楚地写下来，便于学生进行梦想评估行动，学会为梦想坚持。

第三环节：敢梦，需估量

**1. 课件展示两张图片：癞蛤蟆与千里马**

教师：左边一只癞蛤蟆，右边一匹千里马，真的是这样吗？（课件变化后互换）

教师：改变自己，先要改变自我期望。我们没有理由不对自己充满期待。我们没有理由不做千里马。年轻人要有实现美好梦想的愿望。

**2. 梦想评估游戏**

课件展示电视节目：《中国梦想秀》《超越梦想》《中国好声音》……

教师：今天我们也来体验一次梦想评估，找到实现梦想的条件。

游戏规则：

观察组织：四人一组为一个观察团

观察对象：一个玩航模的小伙子

一个想成为歌手的女生

观察与思考内容：一个人实现梦想到底需要什么条件？

观察结果：团队内部讨论出结果后，请把你们的答案直接写在题板上。（关键词）

播放视频：《出彩中国人》中玩航模的人；《激情唱响》中仅凭借勇气登场的歌者。

各小组认真观察后列出实现梦想的关键词：坚持、勇气、机会、行动、兴趣、能力、学习……

学生讨论并分享：缺少某一个条件，梦想还会实现吗？

**教师小结：**学习、坚持、行动是梦想实现必不可少的条件。

**设计意图：**借助他人的例子让学生观察，发表自己内心最真实的看法。剖析他人梦想实现的关键词，让学生开始正视自己的现实与梦想的差距，分析梦想实现的条件，激励学生去实现梦想，启迪学生"追梦，逐步行"。

第四环节：追梦，逐步行

**1. 课件展示**

马云的追梦之路（两次高考落榜，第三次高考被杭州师范学院专科录取，背麻袋到义乌、广州进货，卖鲜花、卖礼品……）

学生分组讨论并分享：追梦的路上会有很多挫折，但不能放弃。

**2. 表现原理——塑造成功品质（行动会影响思想）**

学生感受表现原理：全体同学参与，相邻的两个同学相向而坐，朝对方笑一下，笑得越甜、越美、越动人越好。然后友好地看着对方的眼睛，如果是同性就拥抱一下，异性就友好地握握手。

**教师小结：**一种认识只有在一遍又一遍地重复之后，才能成为一种信念。如果仅尝试一次，便以失败为理由放弃努力，认识就永远不可能转变为信念。我们要运用表现原理塑造成功的品质。

**设计意图：**利用名人效应，让学生明白追梦的路是曲折的，需要一步一个脚印地去成就梦想；利用表现原理，提醒学生要用梦想中的行为塑造成功品质，不断去强化成功的认识，才能变成信念。

**第五环节：励梦，扬风帆**

学生填写的梦想计划书包含梦想清单、梦想评估、追梦第一步、预计困难、量"励"行为、实现时间等。

播放歌曲《我相信》。学生填写后交流，修改完善自己的计划书后，签上名字。

然后再请几名同学分享自己的感想，学生表示：一定要遵循梦想计划，一步一步走向成功。

**教师小结：**有梦想，有追求，也许困惑，需要量"励"而行，也需要调整，通过努力、再努力，坚持、再坚持，去实现。

**设计意图：**班会课结尾，启迪学生思考：每个人的梦想都需要一个客观的评估，只有量"励"而行的人，才能更容易获得满足和幸福。有远大的梦想值得尊重，平凡的人生也值得鼓掌。相信自己，让梦想起航。

# 学习时间的合理规划

深圳中学　桂之颀

## 一、活动背景

步入高中后，学生会发现高中学习与初中学习存在很大的区别。高中课程内容量大、系统性综合性强，需要学生利用更多的课余时间消化和提升。高中课程多样、社团活动丰富，学生很容易顾此失彼。可见，高中对学生的自主性要求更高，合理规划时间成为必备的一项技能。高一学生初入校园，在适应新环境的同时还要适应新的学习方式，迎接自我管理的挑战。

## 二、活动目的

本节班会旨在让学生认识到时间流逝之快，感知时间规划的重要性，反思自己时间规划的不足，学会科学合理的时间管理方法。

## 三、活动过程

### 第一环节：感知时间

播放电影《时间规划局》片段，带给学生"时间就是生命"的视觉冲击，导入本节班会主题。以1000格表示高中三年的所有时间1000天，通过做减法的方式，将假期等时间去除后，每年在校可支配的时间只有110天。其中，每年有27.5天（660小时）是上课时间，其余时间要分配给作业、社团、吃饭、运动、娱乐等。通过数据的呈现（如图25所示），让学生直观地认识到时间的短暂，从而开始思考时间规划的重要性。

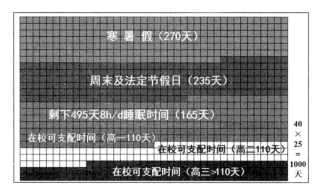

图25

第二环节：自我评价

黄希庭和张志杰的《青少年时间管理倾向量表的编制》，从时间价值感、时间监控观和时间效能感三个维度了解学生的时间管理能力。

时间价值感指个体对时间的功能和价值的稳定的态度与观念，对个体运用时间的方式具有导向作用，是个体时间管理的基础。时间监控观是个体利用和运筹时间的观念与能力。时间效能感指个体对自己利用和运筹时间的信念与预期，是制约时间监控的一个重要因素。三者分别体现了学生对于时间管理的价值观、自我监控和自我效能。

第三环节：科学规划

**1. 学生自主分享自己的时间规划小秘诀**

（略）

**2. 时间监控观的五个维度**

从时间监控观的五个维度（设置目标、制订计划、优先级、时间分配和反馈性）着手科学规划。

（1）设置目标和制订计划

根据自己的实际情况制订详细计划，在自己的高效率期安排较为复杂的事务，如记忆、系统复习等，在低效率期安排例行事务、资料分类、文体活动等，如图26所示。

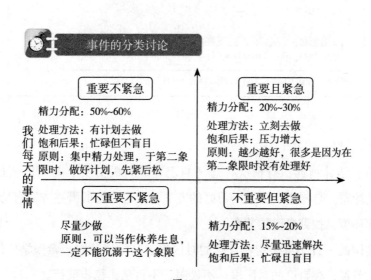

找到自己的节奏

| | 待做事项 | 截止期限 |
|---|---|---|
| 1 | | |
| 2 | | |
| 3 | | |
| 4 | | |
| 5 | | |
| 6 | | |
| 7 | | |
| 8 | | |

建议在计划完成时间和Deadline之间适当留白，给自己缓冲的时间

| | |
|---|---|
| 6：30—7：20 | |
| 8：25—8：35 | |
| 9：20—9：30 | |
| 10：15—10：25 | |
| 11：10—11：20 | |
| 12：05—14：00 | |
| 14：45—14：55 | |
| 15：40—15：50 | |
| 16：35—18：45 | |
| 18：45—21：30 | |
| 21：30—22：30 | |

每日计划表（自我规划）

图26

（2）优先级

运用艾森豪威尔法则，对事件进行分类讨论，确定优先级，学会分清事情的轻、重、缓、急（如图27所示）。

事件的分类讨论

**重要不紧急**
精力分配：50%~60%
处理方法：有计划去做
饱和后果：忙碌但不盲目
原则：集中精力处理，于第二象限时，做好计划，先紧后松

**重要且紧急**
精力分配：20%~30%
处理方法：立刻去做
饱和后果：压力增大
原则：越少越好，很多是因为在第二象限时没有处理好

**不重要不紧急**
尽量少做
原则：可以当作休养生息，一定不能沉溺于这个象限

**不重要但紧急**
精力分配：15%~20%
处理方法：尽量迅速解决
饱和后果：忙碌且盲目

我们每天的事情

图27

（3）时间分配

找出隐藏时间，增加碎片时间的价值，如睡前、排队、闲谈等时间。

对于需要长时间集中注意力的事情，减少切换成本。见报告《被打断的程序员》，如图28所示。

交错安排不同类型工作，如体力与脑力交替、抽象与形象交替等。

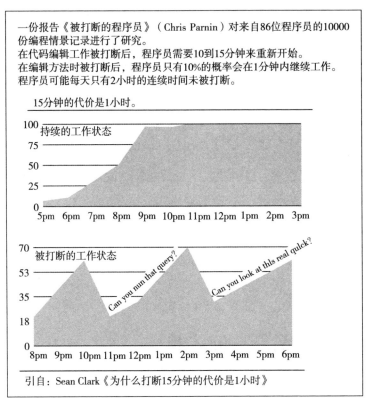

一份报告《被打断的程序员》（Chris Parnin）对来自86位程序员的10000份编程情景记录进行了研究。
在代码编辑工作被打断后，程序员需要10到15分钟来重新开始。
在编辑方法时被打断后，程序员只有10%的概率会在1分钟内继续工作。
程序员可能每天只有2小时的连续时间未被打断。

15分钟的代价是1小时。

引自：Sean Clark《为什么打断15分钟的代价是1小时》

图28

（4）反馈性

定期总结计划的执行情况，思考自己对事件的分类、时间的安排是否合理，调整计划。与同学交流，学习好的方法，反思自己的哪些方面有待提升。

**第四环节：找到自己的节奏**

借美国的一首小诗《走在自己的时区里》与学生共勉，希望学生能找到适合自己的节奏，在自己的时区里，不松懈，不盲从，稳步前行。

New York is 3 hours ahead of California,
but it does not make California slow.
Someone graduated at the age of 22,
but waited 5 years before securing a good job!
Someone became a CEO at 25,
and died at 50.
While another became a CEO at 50,
and lived to 90 years.
Someone is still single,
while someone else got married.
Obama retires at 55,
but Trump starts at 70.

在时间上，纽约走在加州前面三个小时，
但加州并没有变慢。
有人22岁就毕业了，
但等了5年才找到好工作！
有人25岁就当上了CEO，
却在50岁去世了。
也有人直到50岁才当上CEO，
最后活到90岁。
有人依然单身，
而别人却早已结婚。
奥巴马55岁退任总统，
而特朗普却是70岁才开始当。

Absolutely everyone in this world works based on their Time Zone.
People around you might seem to go ahead of you,
some might seem to be behind you.
But everyone is running their own RACE, in their own TIME.
Don't envy them or mock them.
They are in their TIME ZONE, and you are in yours!
Life is about waiting for the right moment to act.
So, RELAX.
You're not LATE.
You're not EARLY.
You are very much ON TIME, and in your TIME ZONE Destiny set up for you.

世上每个人都有自己的发展时区。

身边有些人看似走在你前面，

也有人看似走在你后面。
但其实每个人在自己的时区有自己的步程。
不用嫉妒或嘲笑他们。
他们都在自己的时区，你在你的！

生命就是等待正确的时机行动。
所以，放轻松。
你没有落后，
你没有领先。
在命运为你安排的属于你自己的时区里，一切都非常准时。

## 四、活动延伸

反思开学以来的时间利用情况，制定每日时间规划表，执行一周后反思改进，根据实际情况调整，此后以小组为单位定期反馈总结。

### 参考文献

黄希庭，张志杰. 青少年时间管理倾向量表的编制［J］. 心理学报，2001，33（4）：51-56.

附录

## 时间管理倾向量表

这份问卷中的每一个句子叙述的是对时间的看法以及对时间的利用情况。请你仔细阅读问卷中的每一个句子，然后在答案纸上按照你自己的情况来回答。答案无对错之分，请不要有顾虑。回答时请注意：

1. 回答每一道题都要根据你自己的实际情况，如果该题所描述的内容完全不符合你的情况，就在该题号右边第一个空格中画"√"；如果大部分不符合，就在该题号右边第二个空格中画"√"；如果部分符合部分不符合，就在该题号右边第三个空格中画"√"；如果大部分符合，就在该题号右边第四个空格中画"√"；如果完全符合，就在该题号右边第五个空格中画"√"。

2. 对每个问题都要回答，不要有遗漏，也不必费时去想，看懂后就回答。

（1）□□□□□我认为"一寸光阴一寸金"这句话是正确的。

（2）□□□□□我通常把每天的活动安排成一个日程表。

（3）□□□□□"时间就是效益"这句话是正确的。

（4）□□□□□我每天都给自己制定一个学习目标。

（5）□□□□□无论做什么事情，我首先要考虑的是时间因素。

（6）□□□□□我以为将来比现在和过去更重要。

（7）□□□□□我总是把最重要的工作安排在活动效率最高的时间里去做。

（8）□□□□□无论做什么事情我总是既有短期安排又有长期计划。

（9）□□□□□目前我尚年轻，浪费一些时间无所谓。

（10）□□□□□在每周开始之前，我都制定了目标。

（11）□□□□□对每个人来说，时间就是一切。

（12）□□□□□在每个学期我都要制订自己的学习计划。

（13）□□□□□我认为我在学习和课外活动上的时间分配是合理的。

（14）□□□□□我总是把大量的时间花在做重要的工作上。

（15）□□□□□在新年开始的时候，我通常都要制定这一年中自己的奋斗目标。

（16）□□□□□我相信时间就是生命。

（17）□□□□□我课后复习功课的时间是由老师布置的作业量来决定的。

（18）□□□□□我认为时间是可以有效地加以管理的。

（19）□□□□□我通常把重要的任务安排在计划表的重要位置上。

（20）□□□□□我能够有效地利用自己的时间。

（21）□□□□□我经常根据实际情况对计划进行调整。

（22）□□□□□如果有几件事要同时做，我经常要衡量它们的重要性来安排时间。

（23）□□□□□我能够很好地利用课堂上的学习时间。

（24）□□□□□我对自己设定的目标充满信心。

（25）□□□□□我对每个星期要做的事情都有一个计划安排。

（26）□□□□□我经常对自己利用时间的情况进行总结。

（27）□□□□□在处理好几件事情的时候，我认为最好是每件事情都做一些。

（28）□□□□□利用好时间对我具有重要的意义。

（29）□□□□□我对自己浪费掉的时间深感懊悔。

（30）□□□□□我确定的目标通常都难以实现。

（31）□□□□□世上最宝贵的是时间。

（32）□□□□□我的时间大部分都掌握在自己手中。

（33）□□□□□我通常根据学习任务的重要性来安排学习的先后次序。

（34）□□□□□只要是重要的工作，我一定要挤时间去做。

（35）□□□□□我相信我的计划安排通常是合理的。

（36）□□□□□我认为我对事情重要性的顺序安排是合理的。

（37）□□□□□要做的事情虽然很多，我却能处理好这些事。

（38）□□□□□我常常与同学交流合理利用时间的经验。

（39）□□□□□我认为时间就是力量。

（40）□□□□□我通常都能按时完成老师布置的作业。

（41）□□□□□我常常对自己的工作在什么时候完成没有一个期限。

（42）□□□□□我每天什么时候学习，什么时候玩都有一个清晰的想法。

（43）□□□□□为了提高时间利用效率，我经常学习有关如何有效利用时间的知识。

（44）□□□□□我总是根据目标的完成情况来检验自己的计划。

注：第（17）（27）（30）（41）为反向题。

# 做好时间管理，高效学习

深圳高级中学　李雷雷

【小测试】

课程开始前我们先来做一个小测试：以下情况，你中了几条？

① 很多同学每天忙忙碌碌，但是等到晚上空闲下来的时候，才发现这一天似乎也没做什么事情，陷入一种"假努力"的状态。

② 每天给自己列了很多待做事情清单，别的事情来一件做一件，结果回头发现，真正想做的事情还没有开始。

③ 计划制订得好好的，结果因贪玩、拖延、逃避等干扰无法达成，开始放弃执行计划、自暴自弃。

总结：同学们，如果以上几条在你的学习生活中经常出现，则可能是你的时间规划与管理方面出现了一点小问题。那么，如何做好时间管理？怎样成为一个高效学习的人呢？带着这些疑惑和思考，让我们一起走进这堂课：做好时间管理，高效学习。

提问：我先请同学们思考一个问题：1分钟你可以做些什么呢？

如果时间再长一些，10分钟，1天，10天呢？

总结：2020年疫情期间，我们见证了一个奇迹，10天我们伟大的中国人民建成了一座医院并投入使用，那就是武汉火神山医院。在这10天里，参与医院建设的工人们的每一天一定是忙碌而又充实的。那么同学们，在学校学习期间，我们的每一天又是怎样的呢？

**【活动】画出我的时间分配图**

请同学们拿出笔和纸，画出时间分配图。

圆代表在学校的一天，请将你通常在一天内进行的各项活动（上新课、写作业、预习、复习、锻炼、陷入负面情绪、社团、闲聊、发呆等）所花费的时间在圆内按比例标出来，完成扇形图。

**【分享】画完之后，我们思考两个问题**

1. 自己一天的时间主要花费在哪些方面？

2. 自己在时间分配方面有哪些满意或不满意的地方？

**过渡：**相信很多同学在完成后都会发现自己在无关紧要的事情上花费了太多的时间，重要的事情上花费的时间不够，或者说时间比较零碎。做好时间管理，可以让我们更高效地学习，得到更多有效的时间，更好地实现我们的人生价值。那么，我们应该如何管理我们的时间呢？

## 一、科学管理时间的方法

### 1. 体验活动

看图回答问题&提前告知问题再看图回答问题（在管理时间的时候，设置目标非常重要）。

### 2. 讲授

（1）明确目标——目标制定SMART原则

目标制定SMART原则：S即明确性，目标制定一定要明确且具体，不能模棱两可；M即可衡量性，如果制定的目标没有办法衡量，就无法判断这个目标能否实现；A即可实现性，代表可实现的，指目标在付出努力的情况下可以实现，避免设立过高或过低的目标；R即相关性，实现此目标与其他目标和完成目标的人必须紧密相关才有意义；T即时限性，将目标拆分成几个小的目标及对应的完成时间节点。

老师举一个例子，今天的目标是要复习数学必修一第一章的集合，很具体，可衡量；把与集合有关的知识点弄透彻，常考的题目会做，可实现；教材和参考资料有了，老师高一讲解过，相关性；集合是常考点，学好它可以提升整个数学成绩，时限性，两个小时。

**过渡**：同学们每天有很多事情需要做，那么哪些事情先做，哪些事情后做，怎样来排序呢？这就是第二个方法：ABC排序法。

（2）有序计划——ABC排序法

① 表示必须做的；②表示应该做的；③表示可做可不做的。我们首先要列出所有事项，然后根据事项的重要性分级，再把事项进行顺序分解。

（3）分清轻重缓急——时间管理四象限法

时间管理四象限法是美国管理学家科维提出的一个时间管理的理论，把事情按照重要和紧急两个不同的维度进行划分，分为四个象限。

重要且紧急的事情，比如现在马上要交一份作业，这对于学生来说就是重要又紧急的事情；重要不紧急的事情，比如你下学期想参加学生会的竞选，这对于你来说是重要的事情，但是没有那么迫在眉睫；不重要不紧急的事情，比如在时间不充裕的情况下想去刷微博或者看一部电影；不重要但紧急的事情，比如借的一本书明天过期就要还给图书馆了。时间四象限法有它的处理原则：重要且紧急的事情——必须立刻做，重要不紧急的事情——有计划地去做，不重要但紧急的事——授权请别人帮我们做或少做，不重要不紧急的事情——尽量不做或用零散时间做。通过时间管理四象限法，我们可以分清事情的轻重缓急。

## 二、计划执行的技巧

**讨论**：同学们，是不是学会了时间管理的方法，我们的学习和生活一定会变得高效呢？

**总结**：不是，我们还需用具体的行动去执行。

（1）向拖延说"不"

美国认知心理学家威廉·詹姆斯提出拖延的一个深层次的原因：人们对于失败的恐惧。

拖延让人处于暂时轻松愉快的状态，而忘记了所要承担的责任和完成的任务。拖延貌似保护了自己的自尊心，却让我们失去了锻炼和迎接挑战的机会，它让我们浪费了宝贵的光阴，陷入无穷无尽的懊悔和自责中。

对拖延的不良习惯宣战，向拖延说"不"。一是可以确立一个可操作的务实性目标，并分解成短小具体的小目标，再按照"轻重缓急"四象限来划分各个事项。二是每天利用5~10分钟来梳理自己的完成情况，再根据实际情况及时做出调整。有的人会给自己设置任务下限，比如每天至少要解决哪些事项，可以作为自我检视的参照。三是觉察自己拖延的借口，当脑海里出现拖延的借口时，把它作为自己开始行动的信号。四是在校学习期间，与同学建立合作学习关系，每天分享交流自己的计划内容和实施情况，达到相互督促、相互鼓劲的效果。

（2）避开焦虑

首先，制订的计划要符合实际；其次，无法完成的计划往往会导致焦虑，在适当的时候做出计划调整可以轻装上阵，有效避免焦虑的情况发生。

（3）番茄工作法

番茄工作法是一个简单易行的时间管理法，即工作25分钟让自己休息3~5分钟，然后继续下一个番茄时间。25分钟是专家进行实践后给大家的建议，同学们可以在分析自己的记录后进行更改。

（4）制定奖励，培养成就感

比如每天完成任务签到打卡，每完成一个目标在成就表上打钩或者贴上一颗星星。这些仪式感可以不断培养我们的成就感和自信心。我们需要让自己身体和心理上获得一定的成就感，从而持续而高效地去做一件事情。

## 三、作业

完成"我的时间管理反思"报告。

最后，请同学们根据自身实际情况，结合第一个部分画的"我的时间分配"图，好好反思：我以前的时间管理和规划有哪些地方是既符合科学规律又适合自己，能让自己做事情和学习效率变高的，有哪些地方是需要调整优化的，完成"我的时间管理反思"报告。

# 挫折： 于风雨中成长

## 做最优秀的自己

### ——"自信的力量"主题班会

深圳中学　杨忠顺

### 一、班会背景

爱因斯坦有句名言：自信是走向成功的第一步。许多高一学生入学之后，课程难度增加，面对各类优秀学生，初中的优越感荡然无存，焦虑彷徨，放大别人，缩小自己，缺乏自信。这时有必要开展自信话题的专题教育，让同学们加强反思，发现自己的优势和潜能，增强自信，迎接新的学习生活。

基于此，我设计了一节"做最优秀的自己——自信的力量"主题班会。

### 二、班会目标

（1）帮助学生认识自己的个性特征。

（2）激励学生超越自己。

（3）指导学生制订计划的方法。

### 三、班会准备

个性特征表、精卵结合视频、《中国女排绝地反击》视频、几个小故事。向家长征集"孩子最出彩的一件事"。

## 四、班会过程

**第一环节：天生冠军**

视频播放导入：精卵结合过程，每个生命都是数以亿计的精子经过激烈竞争后与卵细胞完美相遇。因此，你生来就是冠军。

**第二环节：认识自己**

流程：全班同学分为若干个4人小组，每个学生发一张"个性特征表"（网络可查：乐天型、易躁型、忧郁型、冷静型），每个小组的4名同学分别对自己和组内同学进行个性判断，在组内进行交流。

**教师总结：**正确全面认识自己，不仅要关注自己的内心，还要学习聆听来自别人的声音。我们认识自己，了解自己，就是为了超越自己。

**第三环节：超越自己**

超越自己有两种理解：别人认为你不可能做到，你却做到了；自己认为不可能做到的，通过不断努力和实践，做到了。

观看视频《中国女排绝地反击》，然后请同学们分享观后感。还可以分享自己超越自己的故事。

**教师总结：**超越自己的过程是痛苦的，是充满曲折的，但也是无比痛快的。人的一生中经常有这样的体验，那么他的生命一定是精彩的。为了完成这样的超越，从当下开始我们就要规划。

**第四环节：规划自己**

欣赏故事：《新生活是从选定方向开始的》（网络可查）——人生没有目标就没有方向。

"分段实现大目标"——登门槛效应，将大目标分解成若干小目标。

**第五环节：班会总结**

同学们，青春如歌，我们一路走来，经历生活的风风雨雨，无论何时都要对自己有正确的认识，不要迷失自己，带着最初的梦想去努力，相信我们永远都是自己人生的冠军，都是最优秀的自己。

**第六环节：班会延伸**

全体学生，制定自己的三年规划，下周班会课交流。

# 向着阳光，做快乐的自己

## ——"直面挫折，愉悦自我"主题班会

深圳中学　杨忠顺

## 一、班会背景

学生进入高一，不适应高中校园文化，考试失利，同学交往不如意……面临诸如此类挫折不会进行自我调整。

## 二、班会目标

（1）使学生认识到人生常常会遇到挫折，认识挫折的价值。

（2）使学生树立信心，在遭遇挫折时，能善待挫折，提高抗挫折能力。

（3）掌握正确对待挫折的办法，努力战胜挫折，学会一笑而过，做生活的强者。

## 三、班会准备

收集挫折故事，准备课件、调查表。

## 四、班会过程

**第一环节：挫折游戏，直面不同结局**

掰手腕游戏，先同桌，胜利者做一个夸张的表情，失败者也做一个表情。游戏结束，请学生谈对对方做出的表情的感受。失败的学生纷纷表达了对胜利者表情的不满。

再次掰手腕，前后桌，胜利者对胜利者，失败者对失败者。结束后，请胜利者和失败者都做一个表情。

学生谈感受，教师总结：人总会面对各种各样的结局，没有永远的胜利和失败，大家要对任何一种表情都报以淡然的态度。

**设计意图**：游戏导入，学生体验各种心情，明白挫折是正常现象。

**第二环节：挫折故事，唤起学生感悟**

给学生分段展示：1902年诺贝尔物理学奖获得者塞曼的成长故事。他小时候成绩平平，牢记妈妈教诲：在困境中挣扎、再挣扎，最终获得诺贝尔奖。

**教师总结**：在座的每一个同学都比塞曼小时候要出色，希望每一个人都能够去"挣扎"，去获得成功。

**设计意图**：塞曼挣扎的故事，告诉学生成功是靠后天的"挣扎"，也启迪学生，只要"挣扎"，就会有灿烂的未来。

**第三环节：遭遇挫折，直击内心感悟**

学生填表，写下自己遇到的挫折、如何对待、结果如何。

找3名学生分享。

教师肯定积极向上的对待方法，理解消极的对待方式，给予学生鼓励。

**设计意图**：来自学生的挫折，直击内心感悟，大处体验，小处察觉，为下一个环节寻找解决方案提供素材。

**第四环节：两难情境，探寻解决策略**

给学生展示四个情境：①蝴蝶艰难地从蛹中爬出；②林肯八次竞选失败，两次经商失败；③现代杰出戏剧家曹禺，高考两次考医学院落榜；④爱迪生失败6000多次，终于成功研制出灯丝材料。

小组讨论：若是遇到这种情况，你如何面对？学生小组讨论后汇报，然后展示结局。

学生疑问：因为他们都是名人、伟人，自己是一个普通人，怎么能做到呢？引起认知冲突。

**教师总结**：因为他们战胜了挫折才成了名人。他们能做到的，你们同样也可以做到。

在前面的表格后再加一列"我还可以这样"，想想有没有更好的办法。

学生发言，包含发泄、信念、责任、坚强、相信、求助、奋斗。

**教师总结**：面对困难和挫折，我们有很多办法，所以要善待挫折，作为历练自己的机会，成长的垫脚石。

**第五环节：善待挫折，笑迎美好未来**

课件展示普通人战胜挫折成为名人的例子：

贝多芬，肯德基创始人哈伦德，蒲松龄等。

同学们分享他们最后成为令人敬仰的名人的原因。

教师展示这些名人遇到挫折时的想法：

苦难是人生的老师，通过苦难，走向欢乐。——贝多芬

有志者，事竟成，破釜沉舟，百二秦关终属楚；苦心人，天不负，卧薪尝胆，三千越甲可吞吴。——蒲松龄

……　……

让学生拟写激励自己的一句格言，粘贴在班级的格言栏中。

## 五、班会总结

无论何人，无论何时，无论何种环境，我们都会遇到挫折，既然无法避免，那我们只能勇敢面对挫折，善待挫折，珍惜挫折，把它作为我们成功的垫脚石，做情绪的主人，笑对人生。


# 接纳当下，拥抱明天

深圳高级中学　李雷雷


**【小活动】画"雨中人"**

请大家稍稍调整坐姿，尽量舒服地坐着，放松自己的身体，慢慢地做三次深呼吸，回想一下学习中感到的压力，然后将画纸竖着放，想象天下雨了，有一个人在雨里面，把这个情景画出来。人尽量画完整的人，不要画火柴人或漫画人，这不是考察你的绘画能力，凭自己感觉随意地画，想怎么画都可以，但

是要认真，时间为5分钟。

**设计意图：** 绘画心理测试，引导学生察觉自身的状态，考查学生学习压力的大小。

【小测试】

同学们，临近考试，尤其是十分重要的考试，你是否会有以下一些表现：

1. 考前一段时间晚上睡不好，甚至失眠。

2. 考前食欲不振，吃东西就会肠胃不舒服，拉肚子。

3. 考试前容易发火、烦躁，很难和人好好相处。

4. 考前复习备考状态差，注意力不集中，记忆力下降，效率低下。

5. 考试过程中会大脑一片空白，原本记得的知识点也会想不起来。

6. 考试过程中出汗、心跳加速、坐立不安，甚至感到恶心想吐。

7. 看到别人写完卷子了，自己还没写完，就非常紧张着急。

**总结：** 以上这些都是考试焦虑的表现，如果同学们中了很多条症状，说明你可能出现了考试焦虑情绪。

## 一、正确认识考试焦虑

**1. 提问**

请同学们思考两个问题：出现考试焦虑是正常的吗？考试焦虑完全就是不好的吗？

同学们思考后相互讨论，并请同学自愿跟大家一起分享自己的观点。

**2. 讲授**

（1）考试焦虑是一种普遍的现象。

调查发现，75%的学生临考前都有紧张、焦虑、恐慌等情绪。只要是正常的人正常的心态，那么面对大型的、对其有着相当影响的考试或活动时，都必然会紧张。

（2）适度的考试焦虑有利于发挥最佳水平。

耶克斯–多德森定律表明，我们的焦虑水平和学习成绩之间的关系是倒"U"形曲线，过度焦虑是影响应试能力的"拦路虎"，但适度焦虑却是提高应试能力的"催化剂"。中等程度的焦虑水平有助于我们保持注意力，更好地激发潜能，提高学习效率，而过低或过高的焦虑对学习不利。因此，焦虑本身并不是一件坏事情，焦虑对我们的影响完全取决于我们对待自身焦虑的态度，适度的考试焦虑有利于发挥最佳水平。

## 二、为什么会出现考试焦虑

### 1. 活动

阅读来自小明的一封信，帮他分析他出现严重考试焦虑的原因。

老师您好!

我是高三的一名学生，现在距离高考还有不到100天的时间，我知道我应该全力以赴好好备战高考，但是我找不到状态，每天晚上失眠，一丁点声音就醒了，第二天上课又没在状态，上课注意力很不集中，思想开小差，不知道在想些什么，记忆力也下降，学习效率十分低下。一遇到考试就总想上厕所，考试时手心冒汗，坐立不安，大脑一片空白，原本记得的知识点也想不起来。现在我整个人变得很烦躁，很容易因为一点小事发脾气，同学之间关系也弄得挺不好的。我非常焦虑，不知道该怎么办。我是家里的独生子，父母对我要求很高，我也不允许自己低人一等，想考重点大学，但是我知道自己能力不行，高中这几年虽然很努力，但是学得也就一般，很多基础知识点都没有掌握好，我觉得自己没有准备好，每天写题目的时候，都会发现很多自己不会写的。如果高考结果不理想，我父母肯定会很失望甚至绝望，同学和老师也会看不起我，不能上好的大学也就不能找到好工作，那我这一生也就废了。哎，越想越着急、越焦虑，我该怎么办呢?

提问：请同学们帮助小明分析总结他出现严重考试焦虑的原因。

### 2. 总结

学生出现考试焦虑的一般原因：①对考试结果的期望值过高；②觉得自己没有掌握好所学的知识；③放大考试成绩的作用，对考试失败的恐惧。

## 三、怎样调适考试焦虑

**过渡**：同学们，现在我们认识到了考试焦虑是正常的，适度的考试焦虑有利于发挥最佳水平。知道了我们的考试焦虑来源于哪里，那我们应该如何调整应对呢？下面老师将分享几种调整方法。

**1. 接纳自己的焦虑情绪**

接纳焦虑是化解焦虑的第一步。只要是学生，遇到考试尤其是重大考试，我们就一定会有焦虑情绪。有焦虑情绪是正常的，不要抗拒，要接纳自己的焦虑情绪。

**2. 合理化认知，正确看待考试成绩**

面对同样的考试成绩不太理想，有的同学会长久陷入悲伤自责中，认为自己怎样都学不好、考不好，这辈子都不会有出头之日，因而焦虑绝望，自暴自弃，成绩越来越差。有的同学会觉得刚好可以检验出自己前期哪些知识点没有掌握好，为后面的复习备考明确方向，从而加强行动，不断提高。因此，根据情绪ABC认知理论，学会合理认知，从积极的角度看问题是调节情绪最有效的方法。

**3. 加强行动，提高学习成绩**

最好的缓解焦虑的方法就是加强行动，考试焦虑的原因是自己没有掌握好应该掌握的知识点，因此结合自己的情况做好学情分析，制订学习计划和目标，加强行动，提高学习成绩，有利于缓解考试焦虑情绪。

（1）现在的真正问题是什么？（例如，面对考试失败的真正问题是什么？是偏科还是某科基础不好，所以才担心考试失败）

（2）问题的起因是什么？（数学不好的原因是什么？是数学的某一部分不好，还是其他）

（3）解决的办法有哪些？（调整方法，增加时间投入，请家教……）

（4）我决定用哪种办法？（请家教……）

（5）什么时候开始做？（现在就开始）

**4. 学会身体放松**

渐进式肌肉放松练习，腹式呼吸法。